POR ORGANIZAÇÕES RADICALMENTE HUMANAS

ANA BAVON

POR ORGANIZAÇÕES RADICALMENTE HUMANAS

jandaíra

São Paulo, 2025

Este livro foi revisado segundo o Novo Acordo Ortográfico da Língua Portuguesa.

DIREÇÃO EDITORIAL
Lizandra Magon de Almeida

ASSISTÊNCIA EDITORIAL
Maria Ferreira e Karen Nakaoka

PREPARAÇÃO, DIAGRAMAÇÃO E REVISÃO
Equipe Jandaíra

ILUSTRAÇÃO E DESIGN DE CAPA
MG Santos

Dados Internacionais de Catalogação na Publicação (CIP)
(Câmara Brasileira do Livro, SP, Brasil)

Bavon, Ana
Por organizações radicalmente humanas : direitos humanos e negócios : para corporações que querem implementar um ESG guiado por dados e uma cultura centrada em pessoas orientada para o futuro / Ana Bavon. -- São Paulo : Editora Jandaíra, 2025.

ISBN 978-65-5094-151-2

1. Direitos humanos 2. Gestão de negócios
I. Título.

25-263731 CDD-658

Índices para catálogo sistemático:
1. Gestão de negócios 658
Eliete Marques da Silva - Bibliotecária - CRB-8/9380

jandaíra
livros que causam,
livros com causa

editorajandaira.com.br
Editora Jandaíra
@editorajandaira

Para Benjamim Adú,
escrevo, vivo e trabalho
para que sua liberdade
faça deste livro apenas
uma memória distante.

Com todo o meu amor,
mamãe.

AGRADECIMENTOS

Agradeço a mim, por ter escolhido o caminho mais difícil e, ainda assim, segui-lo.

À Camila, minha dupla, que viu comigo o contorno do que ainda não existia e, sem hesitar, apostou.

Aos meus clientes, por confiarem no meu valor mesmo sem um histórico para sustenta-lo.

À minha familia, que me fez raiz e vento.

Ao Robson, meu companheiro, que pavimenta caminhos ao meu lado sem medo do infinito.

À Denise, minha analista, que me ajuda a decifrar os mapas internos quando tudo parece um labirinto sem saída.

E aos meus Ancestrais e Orixás, que guiam meus passos e constroem a estrada enquanto eu dou os passos.

Este livro é semente do que ainda virá.

Asè!

Sumário

PREFÁCIO

Um convite em boa hora

Conheci a Ana Bavon num inspirador encontro de lideranças femininas promovido por uma revista, num fim de semana de debates, música e risadas no Rio de Janeiro, em 2022.

O Brasil ainda saía, bem machucado, de uma pandemia que vitimou mais de 700 mil pessoas no país e evidenciou o quanto as decisões do governo federal eram pautadas por negacionismo e desapreço às boas práticas sanitárias e científicas.

O passaporte para aquele encontro tão significativo foi meu trabalho à frente do *Roda Viva*, o mais longevo e relevante programa de entrevistas da TV aberta brasileira, prestes a completar 40 anos no ar.

O maior espaço que procurei, com minha curadoria, dar à diversidade de vozes no centro da roda e na bancada de entrevistadores, com mais mulheres e pessoas não brancas, me aproximou naturalmente de outras lideranças femininas que estavam empreendendo movimentos semelhantes em outros espaços, das empresas às organizações do terceiro setor, passando pelas artes e pelo sistema de Justiça.

Desde então, mantive com a Ana trocas intermitentes, em volume e profundidade bem menores do que eu gostaria, dada a correria inerente às atividades de ambas. Por isso, o convite para escrever este prefácio veio como um bálsamo e uma oportunidade de aprofundar meu próprio letramento em temas que me são caros e, nesta etapa da minha caminhada profissional, se tornaram cruciais, mas nos quais não fui versada desde sempre – como a Ana no livro, isso não estava no meu DNA, que era de repórter de política, mais voltada para o imediatismo da notícia, do furo, do escândalo a ser desvendado e denunciado.

Fui uma feminista tardia, depois de entender na pele e na base da experiência que aqueles conceitos de meritocracia feroz, à custa de muita disputa, principalmente entre mulheres, eram uma cantilena muito bem incutida na nossa mente por organizações ávidas por resultado e pouco preocupadas com pessoas, o oposto do que esta obra que você tem em mãos preconiza.

Por isso, beber das palavras de alguém cuja própria história de vida, mais que a trajetória profissional, ditou o olhar diverso e a busca por transversalidade nas ações foi altamente educativo também para mim, e veio, como disse no título deste prefácio, em boa hora.

Depois de uma série de avanços na agenda ESG – e, dentro dela, especificamente naquelas ações voltadas ao aspecto social da sigla, as que estão focadas na promoção de diversidade, equidade e inclusão – que a Ana Bavon didaticamente enumera em uma linha do tempo, o mundo assiste a uma rápida deterioração de conquistas nesse e em outros setores ligados aos direitos humanos e à defesa da democracia no mundo. E os efeitos já se fazem sentir, com força, nas empresas, objeto de estudo e trabalho da autora, e foco desta obra.

Para isso, a volta de Donald Trump ao governo dos Estados Unidos pode ser um ponto negativo de inflexão na implementação dos grandes objetivos definidos na Agenda 2030 e de outros tratados e acordos globais mas, também nos avanços no dia a dia de organizações, como a abertura para diversidade e equidade em contratações para postos de lideranças e assentos em comitês de empresas (e, portanto, nas decisões estratégicas) e a transformação de cultura dessas organizações, áreas em que as últimas décadas pareciam alvissareiras em termos de avanços.

Se a Ana Bavon nos alerta, nessas páginas, para alguns riscos e vícios recorrentes, como o de usar a agenda ESG para maquiar as práticas de corporações não verdadeiramente comprometidas com seus pilares, os nefastos "*greenwashing*", o que está se formando no horizonte é ainda mais alarmante: a possibilidade de retrocessos puros e simples, sem que empresas e governos se preocupem sequer em tentar disfarçar, legitimados por um discurso transformado em política de Estado pelo governo da mais poderosa Nação do mundo.

Diante desse momento histórico de extrema gravidade, se torna necessário falar em fundamentos, fazer a semeadura, como a Ana, que poeticamente se define como uma artesã do futuro, propõe e pratica em toda a sua trajetória profissional.

A forma simples, direta e recheada de dicas práticas para tomadores de decisões, investidores, empregados, estudantes e todos aqueles que estão inseridos em vários tipos de organizações, de governos a empresas, passando pelo terceiro setor, com que a Ana traduz o às vezes complexo linguajar da agenda ESG é um convite à resistência em tempos de ameaça a direitos já conquistados e tantos outros ainda por obter.

Nem um direito a menos é aceitável numa realidade em que mulheres, pessoas não brancas, idosos, pessoas neuroatípicas e com deficiência e outras minorias ou maiorias minorizadas já enfrentam enormes barreiras de entrada e de crescimento em corporações, e governos patinam na aplicação dos ODSs e no enfrentamento de grandes temas, como a crise climática.

O livro da Ana funciona como um manual prático, mas também um código de ética para cada indivíduo e cada organização que compreendam que "o futuro é uma consequência inegociável do agora", como ela pontifica. Vamos nessa?, ela nos provoca. Vamos juntas, Ana. Conte sempre comigo nesta caminhada.

Vera Magalhães *é jornalista, graduada pela Escola de Comunicações e Artes da Universidade de São Paulo (ECA-USP)*

INTRODUÇÃO

Minha contribuição como "artesã do futuro"

"Artesãos do futuro." Gosto de usar essa expressão para definir nosso papel no mundo, especialmente como pessoas que pensam e implementam as estratégias ESG nas empresas, contemplando os aspectos Ambiental, Social e de Governança na gestão dos negócios.

Abracei essa área acreditando firmemente que está em nossas mãos construir corporações mais socialmente responsáveis, impulsionando seu crescimento econômico, mas também contribuindo para formações sociais mais justas, inclusivas e equânimes. E por que digo que, atuando assim, somos artesãos do futuro? Porque é importante entender que talvez você precise criar a realidade contando somente com sua imaginação e criatividade, e talvez você não veja os resultados do legado que está ajudando a construir agora. Mas esse legado é fundamental para a perpetuação da espécie humana e, mais do que isso, para a manutenção de uma civilidade e de uma sociedade equilibrada para as gerações futuras.

Por isso, encaro este livro como uma das minhas contribuições da artesã do futuro que procuro ser. Nele quero compartilhar os aprendizados de uma sólida carreira de consultoria na área do ESG e de mais de 45 anos de vida atravessados por muitas das questões que são enfrentadas por suas estratégias, especialmente as que estão sob o guarda-chuva do Social, a letrinha S da sigla. Nesse meu caminhar, desafiar o etarismo, romper com o capacitismo, enfrentar o racismo, eliminar o sexismo e, principalmente, construir uma sociedade mais justa para todas as pessoas é mais do que um propósito – é minha filosofia e estilo de vida.

Também vejo que falta no mercado literatura com informações mais práticas para responder as dores do dia a dia de muitas empresas e profissionais que atuam nessa área, procurando fazer rodar de fato a agenda ESG. Acredito que posso dar uma contribuição muito importante, ao organizar em uma publicação esse conteúdo todo que tenho vivenciado empiricamente na minha atuação como consultora. Entendo essa empreitada como um serviço valioso para meus colegas que trabalham nesse campo. A agenda ESG e de Direitos Humanos é muito complexa e quem não nasce com ela no DNA muitas vezes se perde nessa complexidade. Portanto, acredito que os insumos que tenho para dividir podem ser de grande ajuda para quem está envolvido com o tema ou que tem interesse nele.

Então, em resumo, a motivação para concretizar esse livro é justamente essa: pegar um pouquinho do que está aqui em mim, juntar com o que já foi sistematizado no mundo e devolver para a sociedade esses conhecimentos que são tão essenciais em um momento crucial para redefinir um futuro mais sustentável – estão aí grandes questões, como as catástrofes ligadas às mudanças climáticas, que exigem urgência em respostas no agora para garantirmos um planeta habitável às próximas gerações.

OS CAMINHOS QUE ME TROUXERAM ATÉ AQUI

Como adiantei, minha vida é atravessada por questões que estão postas no rol daquelas com as quais o Social precisa lidar. Sou uma mulher neuroatípica, condição que foi a causa do sentimento de inadequação que me acompanhou durante 40 anos. Sou uma pessoa que está dentro do espectro autista (TEA), com TDAH (Transtorno do Déficit de Atenção e Hiperatividade) e AHSD (Altas Habilidades e Superdotação).

Formada em Direito, por um período atuei na área de direito trabalhista, e aí implantei estratégias de resolução alternativa de conflitos e negociação justa. Nesse posto, fui percebendo alguns aspectos de letalidade das relações do trabalho; observando como, em certos pontos, essas relações eram nocivas. Então, em dado momento, pensei: não quero mais continuar trabalhando para tentar mitigar esses efeitos nefastos, quero evitar que eles aconteçam. Acreditava que seria melhor ir para o outro lado, atuar para evitar que esses passivos trabalhistas surgissem. Pedi demissão e decidi seguir a carreira que eu tenho hoje. Queria trabalhar especificamente com as questões de gênero e étnico-raciais no ambiente corporativo. Além da visão estratégica e técnica da advogada, eu tinha um conhecimento empírico, daquilo que tinha me atravessado, né? Primeiro criei um coworking especificamente para mulheres. A intenção era apoiar a atividade empreendedora de mulheres que estavam sendo expulsas dos ambientes corporativos, que não atendiam suas necessidades específicas. Só que eu me emocionava com as dificuldades delas, não cobrava, e o negócio não foi pra frente.

Na ocasião, eu já era muito requisitada para fazer palestras nas organizações explicando as problemáticas voltadas para gênero, raça e classe, e sobre o impacto social das empresas nesse contexto de transformação social. O tema da diversidade, equidade e inclusão sempre foi muito natural na minha vida. Não é que eu tivesse um produto para vender, porque era quem eu sou. Assim como a ética e os assuntos ligados à integridade, gosto de brincar que não sei ao certo se sou ética e por isso esse é mais um tema natural pra mim, ou se é apenas a rigidez cognitiva do TEA operando. Acredito que a soma da minha vida com a minha visão do mundo, mais as ferramentas e o repertório técnico da minha formação em Direito, me permitem atuar em todas as áreas de forma transversal desde sempre.

Então, quando comecei a fazer esse trabalho mais voltado para um perfil consultivo, caiu a ficha e pensei: "Poxa, acho que é isso que eu tenho que fazer, né?" E nasceu assim a B4People, em 2018, quando as demandas aumentaram muito. Ou seja, a consultoria não foi algo que saiu da minha cabeça para o mundo. Foi o mundo falando para mim a direção que eu deveria tomar, como uma rota muito natural. E o nome que escolhi explica bem minhas intenções com essa consultoria. B4People pode ser lido de várias formas: *business for people* = negócios para pessoas; *before people* = antes de tudo, pessoas; e *be for people* = esteja lá para as pessoas.

Veja que curioso. Eu estava entrando na casa dos 40 anos, uma etapa da vida em que as pessoas acreditam que tudo se torna mais difícil, que a gente envelhece e fica obsoleta. Um preconceito que, hoje, chamamos de etarismo. Mas, foi nessa fase que minha empresa se consolidou e eu faturei o meu primeiro milhão. Foi depois dos 40 anos que eu consegui consolidar uma carreira multidisciplinar, transdisciplinar; mudei de profissão, deixei de ser uma advogada estrategista para ser uma pessoa estrategista. Entendi que não era uma relação de mão única: não apenas as pessoas devem trabalhar para as empresas, mas as empresas também precisam trabalhar para o bem-estar da gente e de toda a sociedade.

E, olha que interessante, minha condição neuroatípica, que foi causa de minha inadequação na adolescência, é um diferencial hoje no meu modo de me colocar no mundo e atuar profissionalmente. Ser uma mulher autista define toda a minha existência. Qualquer ação ou decisão que sai da minha cabeça parte de uma visão de mundo atípica. Como isso se reflete na construção da minha empresa e na metodologia que uso para trabalhar com meus clientes? Em resultado. Enxergo tudo o que existe de forma interconectada, causa e consequência são vistas muito rapidamente (TDAH) e os possíveis resultados dessas conexões e interconexões são visualizados com clareza, já que meu cérebro sempre faz o caminho da materialidade e da literalidade (TEA).

No mercado, eu acabei sendo reconhecida como alguém que fala muito em nome do S, a parte que cuida das pessoas na sigla ESG. É nessa parte que está a questão da Diversidade, Equidade e Inclusão, representada pela sigla DE&I, à qual meu trabalho de consultoria está extremamente conectado. Falo muito para profissionais que trabalham como analistas de ESG ou DE&I e presidentes de multinacionais que atuam no Brasil, que são meus mentorados. Esse público também inclui meus alunos na Faculdade Exame, por exemplo. Nessas interações, percebo a deficiência que existe no mercado sobre esse conteúdo. Eu sou muito chamada para falar e esclarecer dúvidas básicas como: o que é o S? Como o S se conecta a outras agendas? Por que a gente precisa falar de impacto social e da função social das empresas? Isso tudo está dentro do Social.

Como sou hiperfocada em relações humanas (além de ser analisada, há muitos anos também estudo psicanálise e filosofia como áreas paralelas de atuação), eu pesquiso neurociência, sociologia, antropologia e aplico tudo isso nas relações entre pessoas dentro das organizações. Sem conhecer profundamente a complexidade humana, fica impossível saber o impacto externo na nossa subjetividade. É precisamente para construir uma cultura organizacional que nos permita viver a plenitude da nossa idiossincrasia que eu aposto na transversalidade de saberes e conhecimentos que vocês poderão provar neste livro.

O QUE VOCÊ VAI ENCONTRAR NESTE LIVRO

Para ajudar a suprir a deficiência sobre esse conteúdo no mercado, todo esse percurso que fiz – e faço diariamente nos projetos que desenvolvo em minha consultoria – estão sistematizados nos conhecimentos que partilho neste livro. Esta publicação é a forma que encontrei para falar mais diretamente com especialistas em responsabilidade social corporativa, pessoas que querem desenvolver negócios de impacto, profissionais que atuam na agenda de governança, sustentabilidade e diversidade, equidade e inclusão. Todo mundo que entende que essas agendas estão intimamente ligadas em colocar as pessoas no centro das decisões e das transformações que precisamos fazer para uma sociedade mais justa. Quero que todas as pessoas envolvidas com ações na estrutura corporativa voltadas para um pacto com o Ambiental, o Social e a Governança possam fazer um uso bem prático deste livro, considerando as experiências e o que sistematizamos criticamente dentro do ecossistema do ESG.

Para isso, começamos, no primeiro capítulo, com um panorama sobre a evolução do ESG e seus principais marcos. No segundo, abordamos as principais dificuldades e erros que as empresas cometem ao tentar fazer rodar essa agenda. No terceiro, explicamos por que defendemos ações estratégicas radicalmente humanas, colocando as pessoas no centro das decisões, e tendo como norte as diretrizes dos Direitos Humanos. Na sequência, explicamos a metodologia que sistematizamos e que está voltada para três frentes: pessoas (capítulo 4), negócios (capítulo 5) e riscos (capítulo 6).

E encerramos com um chamamento para que você seja, assim como eu, essa artesã do futuro de que tanto precisamos para concretizar a função social das empresas. Vem comigo!

CAPÍTULO 1

As estratégias ESG vieram para ficar

Quero começar essa conversa falando sobre a pandemia de Covid-19. E você pode perguntar: o que isso tem a ver com ESG? Tudo!

Esse advento pandêmico foi uma crise de saúde pública sem precedentes no mundo. Identificado em Wuhan, na China, em dezembro de 2019, o vírus causador da Covid-19 rapidamente se espalhou pelo mundo. Tanto que, um mês depois, em janeiro de 2020, a Organização Mundial da Saúde (OMS) classificou o surto da doença como uma Emergência de Saúde Pública de Âmbito Internacional. Logo depois, em março, atualizou o status para pandemia[1]. E o mundo entrou em lockdown. Todo mundo fechado em casa até que a ciência conseguisse minimamente dar uma resposta para a crise. Ainda assim, muitas foram as vítimas planeta afora. Segundo estimativa da OMS, essa foi a causa da morte de 20 milhões de pessoas no mundo

1 OPAS (Organização Pan-Americana da Saúde). Histórico da pandemia de COVID-19. Disponível em: https://www.paho.org/pt/covid19/historico-da-pandemia-covid-19. Acesso em: ago 2024.

até 2023. No Brasil, de acordo com dados do Sistema Único de Saúde (SUS), a Covid-19 acometeu 38 milhões de brasileiros e levou a óbito 700 mil[2].

Uma tragédia, sem dúvida. Mas que gerou ensinamentos – alguns deles no campo do ESG. A pandemia causada pelo coronavírus escancarou a profunda fragilidade do sistema capitalista. As pessoas não poderem sair para trabalhar foi um baque para a economia, para a atividade produtiva. Com os efeitos do lockdown sobre suas operações, diversas organizações tiveram seus números impactados negativamente. Sem contar os negócios que acabaram fechando as portas e os milhares de trabalhadores que perderam seus empregos.

Naquele momento, ficou claro que as empresas que já haviam incorporado estratégias ESG, principalmente as de Diversidade, Equidade e Inclusão (DE&I), estavam um pouco à frente para lidar com a urgência que a situação exigia. Porque a possibilidade de seus colaboradores trabalharem de casa já era uma realidade para muitas delas. Alguns desses colaboradores tinham dificuldades de acesso e mobilidade ou optavam mesmo por um ambiente de home office. E a empresa lhes dava essa flexibilidade. Então, as corporações que tinham no DNA um olhar para as pessoas,

---

2 MARACCINI, G. Covid: 4 coisas que aprendemos após 4 anos do início da pandemia. Portal CNN, mar 2024. Disponível em: https://www.cnnbrasil.com.br/saude/covid-4-coisas-que-aprendemos-apos-4-anos-do-inicio-da-pandem ia/. Acesso em: ago 2024.

voltado para DE&I, tiveram mais facilidade para lidar com o lockdown.

Além disso, as empresas rapidamente descobriram que só mandar o pessoal para casa não adiantava. Elas tinham que mandar notebook, cadeira, internet. Também perceberam que, ao se conectar com seu colaborador (vamos mandar cadeira, mandar notebook), ele se engajava mais, era mais produtivo, ele se sentia mais parte da equipe. Por quê? Porque ele era humanizado pela empresa. Ela via uma pessoa, não via um número.

A premência dos acontecimentos fez com que, mais do que nunca, diversas corporações assumissem o seu papel social e saíssem a campo para ajudar a sociedade encurralada pela pandemia e pela crise de confiança nas autoridades públicas que deveriam tomar pé da situação e não demonstravam isso. Grandes empresas estiveram à frente de iniciativas diversas, como a compra de testes rápidos para detecção da Covid-19, de ventiladores pulmonares para pacientes graves, de máscaras, entre outras ações.

Na época, uma pesquisa da consultoria McKinsey perguntou para as pessoas: quem está te ajudando nesse momento de pandemia? De quem você espera melhorias no futuro? As pessoas não indicaram autoridades públicas, o governo ou o Ministério da Saúde. Citaram as empresas, porque era o que elas estavam vivenciando: muitas corporações ajudando seus colaboradores naquele momento difícil, amparando as famílias dos colaboradores, até com auxílio funeral. E, mais do que isso, elas começaram a participar do debate público, tentando, de alguma forma, operar uma transformação via responsabilidade social empresarial.

MOVIMENTO SEM VOLTA

Então, todas essas questões entraram em pauta, o que foi fundamental e impactou a agenda ESG, mostrando a necessidade de trabalhar o tema de forma integrada. O relatório "Evolução do ESG no Brasil", lançado em abril de 2021, pela Rede Brasil do Pacto Global[3], já captava esse movimento:

> Em parte por conta da pandemia de Covid-19, estamos vivenciando a ascensão do conceito, com uma intensa mobilização do mercado e uma corrida das empresas por maior compreensão. Uma das consequências [...] da crise causada pelo novo coronavírus foi despertar a consciência de parcelas maiores da sociedade para questões ligadas à sustentabilidade. As empresas brasileiras aceleraram suas práticas sustentáveis em um movimento sem volta.

---

3 Pacto Global - Rede Brasil, Stilingue. A evolução do ESG no Brasil. abr 2021. Disponível em: https://www.pactoglobal.org.br/esg/#:~:text=No%20Brasil%2C%20fundos%20ESG%20captaram,do%20Pacto%20Global%20e%20Stilingue. Acesso em: ago 2024.

Citando um estudo da Morningstar a pedido da Capital Reset, o relatório apontava que, em 2020, os fundos ESG no Brasil haviam captado R$ 2,5 bilhões. Analisando tudo isso, pensei: "Espera, a gente tem um negócio grande aqui". Claro, naquela situação de evento pandêmico, as empresas foram compelidas a tomar essas iniciativas para continuar navegando, gerando lucro – afinal ninguém estava fazendo isso apenas porque era benevolente, sabiam que teriam um retorno financeiro também. Mas foi um sinal inequívoco de que a transformação social pela via corporativa não é uma utopia. Porque, se estou falando da empresa como um ente social, um agente político capaz de gerar esse nível de confiabilidade, que faz com que as pessoas trabalhem para ela em um momento tão delicado como o da pandemia, posso pensar que ela de fato tenha o poder de operar para mitigar a desigualdade.

Mas, para isso, é preciso que essas organizações tenham uma governança muito atuante. Porque essa tomada de decisão é feita pela governança corporativa, olhando para seus princípios de transparência, de equidade, de prestação de contas, de integridade. Então, estamos falando aqui do G, da sigla ESG. Para que a empresa assuma de fato esse papel transformador, é fundamental que essa governança oriente as decisões muito mais voltadas para pessoas, que é o Social.

Outra questão que ficou evidente com a pandemia diz respeito à interferência do homem no Ambiental, então o E de nossa sigla, e como isso pode impactar a vida das pessoas. Naquele momento pandêmico assistimos a parte da sustentabilidade e do meio ambiente sendo enxergada por conta da propagação do vírus. Estávamos falando de um vírus que veio de um animal e conseguiu contaminar um planeta! Inevitável perguntar: por que está acontecendo isso? A tese mais aceita, segundo relatório da OMS, é a de que o vírus teria como hospedeiro primário o morcego. Este teria passado para um mamífero intermediário que o transmitira ao homem. Também é provável a hipótese de o vírus ter sido transmitido diretamente do morcego para um ser humano[4]. O que nos leva a muitas perguntas sobre como essa contaminação aconteceu. Foi porque invadimos um ecossistema onde não deveríamos estar? Por que isso aconteceu agora? Qual foi a destruição da natureza que a gente gerou a ponto de ela estar se voltando contra a gente? Houve também um movimente de pessoas se refugiando em suas casas de campo, querendo morar no mato, em contato com a natureza, para se proteger da pandemia. E, com isso, lembrando que era parte do todo.

---

4 INSTITUTO BUTANTAN. Como surgiu o novo coronavírus? Conheça as teorias mais aceitas sobre sua origem. Portal do Butantan. Disponível em: https://butantan.gov.br/covid/butantan-tira-duvida/tira-duvida-noticias/como-surgiu-o-novo-coronavirus-conheca-as-teorias-mais-aceitas-sobre-sua-origem#:~:text=A%20tese%20mais%20aceita%20diz,uma%20 hip%C3%B3tese%20poss%C3%ADvel%20e%20prov%C3%A1vel. Acesso em: ago 2024.

Tudo isso foi muito emblemático e importante. E mostrou com clareza como as três letrinhas do ESG estão conectadas. Daí a necessidade de uma abordagem também interconectada. É esse círculo virtuoso do ESG que temos que ter presente, deixando de lado ações imediatistas e pensando no longo prazo, na longevidade das ações. Foi apostando nele que muitas empresas saíram bem da pandemia, até com lucros maiores do que anteriormente. E por quê? Porque operaram as estratégias ESG de uma maneira mais estratégica, considerando o contexto social, o S como um ponto fundamental.

Por tudo isso, os levantamentos mostram que o ESG veio para ficar. Um dos mais recentes, o "Panorama ESG 2024", feito pela Câmara Americana de Comércio para o Brasil (Amcham Brasil), ouviu executivos de 687 empresas brasileiras e detectou que 71% delas adotam estratégias ESG na gestão dos negócios – um engajamento que se ampliou em 24% em relação ao relatório feito no ano anterior[5]. Entre a principais motivações para aderir a essa agenda, 78% afirmaram que buscam ter um impacto mais positivo em questões ambientais e sociais; 77% querem melhorar a imagem corporativa; e 63% visam fortalecer a relação com os *stakeholders*. Para a maioria das empresas pesquisa-

5 AMCHAM BRASIL. Pesquisa 2024: Panorama ESG no Brasil. Amcham e Humanizadas. Disponível em: https://conteudo.amcham.com.br/forum-esg-pesquisa-panorama-2024. Acesso em: ago 2024.

das (72%), o pilar social é considerado a prioridade, seguido de governança (68%) e ambiental (66%).

QUANDO TUDO COMEÇOU

A construção das estratégias ESG como um caminho fundamental para sustentabilidade das atividades e da vida humana aqui neste planeta teve início muito antes desse momento pandêmico. Foi uma bandeira que começou a ser desfraldada pela Organização das Nações Unidas (ONU), ao colocar pela primeira vez na mesa de discussões as questões ambientais na Conferência de Estocolmo, Suécia[6] *(confira no quadro à pág. xx sobre a linha do tempo com os principais marcos do ESG)*. Realizado em 1972, esse encontro reuniu 113 países e mais de 400 instituições governamentais e não governamentais e é considerado o primeiro passo da caminhada do planeta em busca do desenvolvimento sustentável.

Outra cartada importante da ONU foi o lançamento do Pacto Global em 2000, um poderoso chamado para que as empresas do mundo inteiro pautem suas operações e estratégias conforme os dez princípios

---

6 Agência de Notícias - Cedecom | UFMG. 50 anos da Conferência de Estocolmo: evolução das discussões ambientais ao longo das últimas décadas. Portal da UFMG, jun 2022. Disponível em: https://www.ufmg.br/sustentabilidade/noticia/50-anos-da-conferencia-de-estocolmo-evolucao-das-discuss oes-ambientais-ao-longo-das-ultimas-decadas/. Acesso em: ago 2024.

universais relacionados às áreas de Direitos Humanos, Trabalho, Meio Ambiente e Anticorrupção[7]. Sem dúvida, a mais ambiciosa iniciativa de sustentabilidade corporativa visando um futuro melhor para o planeta.

Em 2015, um dos desdobramentos desse pacto foi a criação da Agenda 2030, aprovada pelos 193 países-membros da ONU. Os signatários desse documento assumem o compromisso pela erradicação da pobreza como o maior pacto global e condição fundamental para o desenvolvimento sustentável[8]. A agenda traça um plano com 17 Objetivos de Desenvolvimento Sustentável (ODS), entre os quais são elencadas 169 metas que precisamos cumprir até 2030 para acabar com a pobreza, proteger o planeta e garantir paz e prosperidades a todos, sem deixar ninguém para trás. Os ODS são esses:

1. Erradicação da pobreza
2. Fome zero e agricultura sustentável
3. Saúde e bem-estar
4. Educação de qualidade
5. Igualdade de gênero
6. Água potável e saneamento
7. Energia limpa e acessível

7 PORTAL PACTO GLOBAL. Pacto Global Nações Unidas. Disponível em: https://www.pactoglobal.org.br/sobre-nos/. Acesso em: ago 2024.

8 CRUZ, A. Um pouco de história, com foco no papel das Nações Unidas. In: Introdução ao ESG: meio ambiente, social e governança corporativa. São Paulo: Scortecci Editora, 2023. pp. 27 - 28.

8. Trabalho decente e crescimento econômico
9. Indústria, inovação e infraestrutura
10. Redução das desigualdades
11. Cidades e comunidades sustentáveis
12. Consumo e produção responsáveis
13. Ação contra a mudança global do clima
14. Vida na água
15. Vida terrestre
16. Paz, justiça e instituições eficazes
17. Parcerias e meios de implementação

Outro passo importante aconteceu em 2020. Nesse ano, o Fórum Econômico Mundial, realizado em Davos, Suíça, defendeu que as empresas devem olhar mais para os interesses dos *stakeholders* (pessoas afetadas ou que afetam os seus negócios) e menos para os dos shareholders (os acionistas).

O Fórum encampava o conceito de "capitalismo de stakeholders", termo cunhado um ano antes pelo engenheiro e economista alemão Klaus Schwab para designar as corporações que se preocupam não apenas com os próprios interesses, mas também com toda a sociedade[9].

9 AMCHAM. Capitalismo de stakeholders: conceito, princípios e pilares. Portal da Amcham. Disponível em: https://www.amcham.com.br/blog/capitalismo-de-stakeholders?&utm_source=google&utm_medium=cpc &utm_campaign=blog-trafego&gad_source=1&gclid=CjwKCAjwlbu2BhA3EiwA3yXyu6WV-Vwe8sGDJ_09LTeuLtB3pDU2pNNp_AERE9RrP_NxJ4l5vOX8mxoCSm4QAvD_BwE. Acesso em: ago 2024.

Fora da esfera institucional, a agenda do ESG começou primeiro a se mover com maior vigor no setor financeiro. O que acontece? Todas as empresas, principalmente as que têm capital aberto e mais investimentos, têm um compromisso público-social com a mitigação dos efeitos que causam ao meio ambiente e precisam prestar contas disso. Quando esse relatório mostra dados deficitários segundo esse ponto de vista, obviamente cai o valor das ações delas na Bolsa. Tornam-se vulneráveis aos olhos dos investidores, que passam a exigir um desempenho melhor nesse quesito.

A primeira notícia que temos desse movimento foi protagonizada por Larry Fink, fundador e CEO da BlackRock, maior gestora de ativos do mundo, que administra recursos de pessoas físicas, bancos centrais e grandes corporações mundiais. Em 2020, ele publicou uma carta aberta a seus *stakeholders* falando da importância da responsabilidade social das empresas. E mais que isso. Ele defendia que empresas com capital aberto apresentassem seus relatórios de risco de forma transparente para mostrar o quanto elas estavam de fato dando uma resposta positiva em relação à mitigação dos efeitos que causavam na natureza e na própria sociedade.

Essa carta do Fink foi emblemática porque todo o ecossistema financeiro começou a se movimentar para isso. Um exemplo: a Nasdaq (National Association of Securities Dealers Automated Quotations), segunda maior bolsa de valores do mundo, depois da New York Stock Exchange (NYSE), posicionou-se da seguinte forma: olha, empresas com capital aberto vão precisar mostrar seus relatórios e seus critérios voltados para ESG, assim como as que estão querendo abrir o capital; grandes investidores também precisam olhar para isso.

Além disso, os herdeiros de grandes fundos de investimento começam a assumir os negócios com uma nova visão de mundo. Sentados à mesa dos conselhos, eles começam a olhar para outras coisas nas decisões sobre manter o investimento ou investir em negócios limpos.

Então, esse movimento no mercado financeiro apontou um caminho positivo e concreto para a área de ESG. No Brasil, por exemplo, já em 2005 a B3 criou o ISE (Índice de Sustentabilidade Empresarial). Esse índice avalia a sustentabilidade corporativa dos integrantes da B3, uma carteira de ações de companhias que negociam suas ações na BM&F Bovespa e são comprometidas com a sustentabilidade, baseando-se em eficiência econômica, equilíbrio ambiental, justiça social e governança. O ISE tem sido refeito com perguntas que permitem tratar com maior objetividade e transparência os assuntos relacionados com ESG.

Nesse caminho, as empresas precisam ter em mente que incorporar questões relacionadas ao impacto social e ambiental em suas estratégias de marca e de negócios não é mais uma escolha. É, como venho repetindo à exaustão, um imperativo mercadológico. Os líderes já entenderam que uma companhia deve ter como propósito fundamental não apenas gerar lucros para seus *shareholders*, mas também – e talvez prioritariamente – gerar valor, melhorar seu entorno e facilitar a vida das pessoas em sociedade.

Por isso, as estratégias ESG são um caminho sem volta. São um conjunto de princípios que devem ser norteados por boas práticas empresariais. Só que, se não dermos materialidade para esses princípios, se não tangibilizarmos com critérios específicos, não conseguimos mensurar.

E essa é uma das maiores dores que as empresas enfrentam hoje para implementar as estratégias de ESG. Qual é o desafio? É o de conseguirmos mensurar resultados, o que é muito óbvio para o mercado financeiro, nas empresas. Porque isso requer um trabalho integrado com todas as áreas. Não é só uma questão para o setor de Recursos Humanos ou para o departamento de Sustentabilidade. É preciso engajar a integralidade dos setores dentro de uma empresa para ter, de fato, um impacto final efetivo e consistente. Nem sempre isso acontece, como vamos ver no próximo capítulo.

PRINCIPAIS MARCOS DO ESG NO BRASIL E NO MUNDO

1972 - Pela primeira vez as questões ambientais entram no centro de discussões no âmbito da Organização das Nações Unidas (ONU), com a realização da Conferência de Estocolmo, Suécia.

1977 - Os Estados Unidos criam a Foreign Corrupt Practices Act (FCPA), que estabeleceu medidas de transparência em operações contábeis e punição a agente públicos – e que serviu de modelo de normas anticorrupção a outros países e organizações. A norma surgiu na esteira da repercussão do chamado escândalo de Watergate, deflagrado em 1972, que revelou um esquema de financiamento ilegal de campanhas políticas nos Estados Unidos, envolvendo grandes corporações, e levou à renúncia do presidente norte-americano Richard Nixon, em 1974.

1988 - A função social da empresa é integrada à Constituição Federal Brasileira. O artigo 170 estabelece que a ordem econômica está "fundada na valorização do trabalho humano e na livre iniciativa" e "tem por fim assegurar a todos uma existência digna, conforme os ditames da justiça social".

1992 - Publicado no Reino Unido, o Relatório Cadbury fomentou o surgimento de outros códigos semelhantes de boas práticas em governança corporativa.

1992 - Na Conferência Rio-92, realizada pela ONU no Rio de Janeiro, Brasil, é lançada a Declaração do Rio sobre o Meio Ambiente, na qual os países concordam em promover o desenvolvimento sustentável com foco nas pessoas e na proteção ao meio ambiente.

1994 - Acontece a primeira edição da Conferência das Nações Unidas sobre Mudanças Climáticas, mais conhecida pela sigla COP (do inglês Conference of the Parties, ou Conferência das Partes, em tradução livre). Realizado anualmente, o encontro busca saídas para controlar as mudanças climáticas promovidas no planeta pelas intervenções humanas.

1995 - É criado o Instituto Brasileiro de Governança Corporativa (IBGC), responsável pelo código brasileiro de melhores práticas da área.

2000 - Lançamento do Pacto Global, iniciativa de sustentabilidade corporativa criada pela Organização das Nações Unidas (ONU), visando um futuro melhor para o planeta.

2003 - Criação da Rede Brasil do Pacto Global da ONU, segunda maior rede local do mundo.

2004 - Publicação da carta "Who Cares Wins", que cunha pela primeira vez o acrônimo ESG, e provoca instituições financeiras a integrar fatores sociais, ambientais e de governança no mercado de capitais.

2012 - Com o objetivo de avaliar os progressos após a primeira edição da conferência vinte anos antes, é realizada a Rio+20. Nesse encontro, a pauta era a economia verde e a erradicação da pobreza, que buscou o engajamento não apenas do poder público, mas também do âmbito corporativo. Ao final, foi assinado o documento "O futuro que queremos", que serviu como base para a criação, mais tarde, dos "Objetivos para o Desenvolvimento Sustentável" (ODS).

2013 - O Brasil publica a Lei Anticorrupção, que embasou grandes operações de combate à corrupção no país como a Lava Jato.

2015 - A ONU lança a Agenda 2030 calcada em cinco frentes: pessoas; prosperidade; planeta saudável; paz, com instituições eficazes e seguras; e parcerias. Para colocar em prática esse plano, foram lançados 17 Objetivos de Desenvolvimento Sustentável (ODS) que devem ser atingidos até 2030.

2020 - O mundo é sacudido pela pandemia de Covid-19, causada pelo novo coronavírus e coloca mais do que nunca as estratégias ESG na pauta do dia.

2022 - A Rede Brasil do Pacto Global da ONU lança a Ambição 2030, iniciativa criada para engajar as empresas por meio de estratégias práticas visando o atingimento das metas da Agenda 2030 do Pacto Global.

2020 - O Fórum Econômico Mundial, realizado em Davos, Suíça, definiu 55 métricas para observar, que estão divididas em quatro pilares: princípios de governança, pessoas, planeta e prosperidade. No final deste ano, foi concluído o documento "Measuring Stakeholder Capitalism" (Mensurando o Capitalismo de Partes Interessadas), com propostas para melhorar a forma como as empresas aferem e divulgam seu desempenho em relação aos indicadores ESG.

CAPÍTULO 2

O jogo de erros nas empresas que pode comprometer as estratégias ESG

Como mencionei no capítulo anterior, a pandemia de Covid-19 colocou na mesa inúmeros e novos desafios para as empresas. Ela impulsionou mudanças significativas, por exemplo, na forma como trabalhamos. E não apenas isso! Influenciou mudanças no modo como enxergamos o mundo, a sociedade, o planeta, as pessoas, e transformou nossos valores. Na prática, o que isso significa? Que os clientes, por exemplo, passaram a se comportar de forma diferente. Nossos fornecedores e parceiros de negócios se conectam a nós e a nossa marca por vias muito mais complexas, que não se resumem ao impacto financeiro e aos lucros. Quais as implicações disso tudo? Quer dizer que, ao mesmo tempo em que precisamos estar atentos a métricas de desempenho mercadológico, devemos desenvolver novas habilidades capazes de avaliar o impacto de nossas ações na promoção de uma sociedade mais justa para todas as pessoas.

E é nesse ponto que muitas empresas, mesmo imbuídas das melhores intenções no que se refere a implantar a agenda ESG, ainda sentem dificuldade e cometem erros. Por exemplo: como tangibilizar as ações promovidas em Diversidade, Equidade e Inclusão (DE&I) quando o assunto sequer faz parte de discussões estratégicas nos *boards* (conselhos administrativos) e muitos ainda estão patinando na complexidade do tema? Outro exemplo: considerando que a agenda de sustentabilidade e meio ambiente já tem lugar cativo nas discussões dos *boards* e a necessidade de investimentos na área também se tornou ponto pacífico, como eles se materializam? As ações planejadas levam em conta que as mudanças climáticas são um problema social? Estão alinhadas ao fato de que problemas ambientais aceleram os problemas sociais e vice-versa? E que questões ambientais afetam de maneira desproporcional pessoas negras, indígenas e outras comunidades que estejam vivendo em vulnerabilidade social? Que afetam não apenas a qualidade de vida, mas também a saúde mental dessas pessoas? Muitos não têm essa clareza.

Porque, de fato, esse é um tema complexo. Quando falamos de responsabilidade social, ESG, DE&I, é preciso entender que as questões com as quais vamos lidar não se resolvem apenas com as contribuições de uma determinada área do conhecimento. Não é a filosofia que vai resolver, nem a sociologia, nem a psicologia, a engenharia, a matemática ou o setor financeiro. É tudo isso junto! Todos os setores da corporação precisam se movimentar na mesma direção, com os mesmos objetivos, e pensando de forma estratégica. São questões complexas que devem ser trabalhadas de forma integral.

E o que quero dizer com isso? Que a área de negócio tem que estar conectada com a de pessoas, que tem que estar conectada com o jurídico, com o compliance. Essa transversalidade é indispensável. Por quê? Porque as ações que planejamos em ESG envolvem uma interseccionalidade de pessoas que serão impactadas com aquilo que você está decidindo. E o que quero dizer com interseccionalidade? Esse conceito nos lembra que a sociedade é heterogênea e as pessoas são plurais, ou seja, têm várias características diferentes que se interseccionam. Há diferenças, por exemplo, entre o tratamento recebido por mulheres negras e brancas, entre homens ricos e pobres, e assim por diante. Se não considerarmos isso, toda a ação que colocarmos no mundo vai ser deficitária, não vai atingir um resultado esperado, nem terá sustentabilidade no sentido da perenidade no tempo.

O que noto nesses anos de atuação nesse segmento é que muitas empresas ainda não têm essa consciência. Muitas trabalham as questões de sustentabilidade ambiental, social e de governança meio que aos soluços. Faz uma coisa aqui, outra lá. Nada interligado ou com profundidade. Grande parte das pessoas que está rodando a agenda ESG hoje no mundo, como eu tenho visto no dia a dia, não entende como tangibilizar isso. O que mais ouço é: "para onde eu vou, Ana? O que eu tenho que fazer?" Não é raro trocar diálogos como esses nos ambientes corporativos:

– *Ana, eu tenho que montar uma iniciativa para mulheres em cargos de liderança? Eu preciso rever política de benefícios?*

– *Sim!*

– *Eu preciso trabalhar no entorno de onde a minha fábrica está estabelecida para poder promover maior justiça social? Isso significa que eu preciso verificar o que é necessário para poder transformar o solo daquele meio ambiente em um solo mais produtivo para que as pessoas possam desenvolver sua agricultura?*

– *Sim!*

Sem dúvida. É preciso falar da política de benefícios, de licença parental, de horários mais flexíveis, das condições das pessoas que trabalham na empresa. Mas também é necessário olhar para a cadeia de fornecedores. Incluir como uma das condições para seleção desses fornecedores a exigência de que eles também atendam aos critérios e exigências de sustentabilidade, de equidade, de inclusão.

Um dos erros mais frequentes nas corporações é não ter consciência clara de que estamos falando de um novo ambiente de negócios. E quando falamos de um novo ambiente de negócios, estamos nos referindo a uma transformação que leva um tempo para acontecer, a transformação da cultura da empresa. Essa mudança cultural não acontece da mesma forma, como um modelo único, para todas as organizações. Está muito conectada ao tamanho da empresa, à quantidade de colaboradores, à área em que ela atua, se a organização é nacional, transnacional ou global. Ou seja, não tem uma resposta única. Cada organização tem que buscar a sua.

O CAMINHO FÁCIL DE "TICAR BOX"

Nesse novo ambiente, percebo que o grande desafio para muitos líderes corporativos é que eles não têm certeza de como conectar as agendas e dar materialidade às ações promovidas. Eles não entendem exatamente onde deveriam focar sua atenção e como comunicar seus esforços ESG. Muitos executivos acreditam incorretamente que ações simples serão suficientes: melhorar as divulgações ESG, publicar um relatório de sustentabilidade ou realizar um evento de relações com investidores focado no impacto social. Algumas empresas adotam essas medidas, não conseguem ver benefícios e ficam desapontadas ou frustradas. Em alguns casos, enfrentam críticas e reações negativas por parte de seus investidores.

É fácil ver por que isso aconteceu. Muitas organizações embarcam em uma cultura de "ticar box" que incentiva a adoção de atividades ESG cada vez mais padronizadas, a maioria delas criadas por analistas e consultores que se baseiam em *benchmarks* e melhores práticas do setor. Essas atividades podem muito bem ser boas para a sociedade e para os resultados financeiros, mas não vão mover as curvas de impacto que a empresa em específico precisa ativar. São genéricas, não pesadas para a realidade daquela organização. Somente um plano personalizado traz efeitos efetivos. Nesses casos, as corporações colhem benefícios claros na forma de eficiências operacionais: afinal, medidas ESG como a redução de desperdícios, o fortalecimento das relações com *stakeholders* internos e externos e a melhoria da gestão de riscos e da conformidade são uma boa higiene empresarial. Em muitas indústrias, esses esforços são agora apostas para as que desejam permanecer competitivas.

Portanto, é urgente ir além do ticar box e fazer aquilo que o debate público fomenta. Num mundo que julga cada vez mais com base no desempenho ESG, a empresa deve olhar para fatores mais fundamentais – especialmente a estratégia – para alcançar resultados reais e ser recompensada por eles. E isso requer um novo paradigma de gestão para os líderes empresariais – um paradigma em que as considerações ESG estejam incorporadas tanto na estratégia como nas operações. Uma nova lente que tenha como drive de decisões o impacto na própria agenda ESG. E isso implica perceber que, em geral, as ações pensadas de forma isolada deixam de impactar as siglas entre si, quando, na realidade, o que devemos propor é que cada uma das ações seja capaz de gerar resultados positivos em conjunto.

O setor financeiro e o agronegócio são pioneiros no conceito ESG exatamente porque a natureza de suas operações impacta de forma mais imediata a própria agenda. Como comentei no capítulo anterior, na ausência de regras e diretrizes que demonstrassem ao mercado e ao ambiente de negócios os resultados das ações empresariais na agenda ESG, foi o mercado financeiro quem lançou mão de parâmetros que forneciam objetividade, materialidade e transparência para as divulgações das ações das companhias nesse terreno.

Quem ainda não encontrou esse caminho, segue patinando nas dificuldades. A pesquisa "Panorama ESG 2024", feita pela Câmara Americana de Comércio para o Brasil (Amcham Brasil)[10], mostrou que uma das principais dores das empresas está relacionada à dificuldade que têm de dar materialidade às ações de sustentabilidade ambiental, social e de governança. É

---

10 AMCHAM BRASIL. Pesquisa 2024: Panorama ESG no Brasil. Amcham e Humanizadas. Disponível em: https://conteudo.amcham.com.br/forum-esg-pesquisa-panorama-2024. Acesso em: ago 2024.

o que tenho observado em minha prática. De acordo com a pesquisa, 40% dos entrevistados apontaram dificuldade de mensurar indicadores ESG. A essa barreira, se juntam outras, de acordo com a pesquisa: ausência de uma cultura forte de ESG (32%), falta de recursos financeiros (32%), falta de uma metodologia adequada (30%) e ausência de uma visão estratégica (26%) estão entre as mais citadas.

A seguir, destaco os principais desafios e erros mais frequentes que costumam comprometer a implementação de estratégias ESG.

1. Pouco envolvimento da alta liderança nos esforços ESG

Está claro que o ESG é um imperativo mercadológico que chega tarde à agenda estratégica. O primeiro passo para vencer essa defasagem é que seja considerado um elemento urgente e fundamental pela alta liderança das companhias. Afinal, a implementação dessa agenda envolve grandes mudanças operacionais e estratégicas. Além disso, mecanismos de responsabilização são fundamentais. Portanto, trata-se de um trabalho que deve começar no topo. Afinal de contas, é na agenda do CEO e dos integrantes do comitê executivo que o ESG ganha materialidade.

Como embaixadores da cultura da organização e guardiões das agendas estratégicas, cabe aos integrantes de comitês executivos – presidentes e vice-

-presidentes – o papel fundamental de apresentar ao *board*, *shareholders* e *stakeholders* a transversalidade de temas que ajudarão a mover a curva da desigualdade social com argumentos sólidos que demonstrem a interconexão das agendas ESG. Para isso, é fundamental que entendam que meio ambiente, sociedade e governança são temas que não podem estar desconectados e precisam essencialmente fazer parte da agenda estratégica das companhias. E, sobretudo, que esse é um assunto que requer total envolvimento do comitê executivo e do *board* da organização.

No entanto, pesquisas e números atuais mostram que na maioria das empresas o conselho de administração está muito afastado dos esforços ESG da empresa. Isso é um erro. O conselho deve ser a entidade que garante, por exemplo, que as métricas ESG sejam devidamente consideradas na remuneração dos executivos e sejam adequadamente medidas e divulgadas como parte do trabalho do comitê de auditoria. Na verdade, uma das características das organizações com excelente desempenho nessas estratégias é um processo que incorpora profundamente as questões ESG no trabalho do conselho de administração e na remuneração dos executivos. Embora a maioria das grandes empresas globais diga que os seus conselhos de administração supervisionam os esforços e incentivos da agenda, isso geralmente acontece de forma fragmentada.

2. Dificuldade de dar materialidade às iniciativas ESG

Esse é um ponto crucial. Dar materialidade às políticas e práticas ESG corporativas é essencial para que tudo caminhe bem e os resultados esperados, de fato, apareçam. É dessa forma que os esforços da empresa podem ser acompanhados de perto por investidores, colaboradores, clientes, poder público e quaisquer partes interessadas que tenham acesso aos meios de divulgação escolhidos pela companhia, uma vez que a busca por transparência é uma tendência social. E não se trata apenas de satisfazer a curiosidade desses públicos. É importante também para o negócio. Sustentada por dados e sólidos processos de gestão, essas estratégias de sustentabilidade contribuem não apenas para fortalecer a cultura organizacional, mas sobretudo para a perenidade e a inovação no longo prazo.

As dificuldades de dar materialidade às ações nessa área, entretanto, ainda estão presentes em muitas empresas, fato apontado por diversas pesquisas. Um levantamento divulgado pela consultoria KPMG em 2022 mostrava que 96% das 250 maiores empresas do mundo por receita relatavam publicamente questões ESG e/ou de sustentabilidade[11]. En-

11 BAVON, Ana. Materialidade em relatórios ESG - o que CFOs e membros do Comitê Executivo precisam saber. LinkedIn, mar 2024. Disponível em: https://www.linkedin.com/pulse/materialidade-em-

tretanto, as partes interessadas se deparavam com a falta de transparência nesses relatos e tinham dificuldade de encontrar a materialidade das ações divulgadas. Em outra pesquisa do mesmo ano, a Dow Jones (responsável pelos indicadores de economia mais acompanhados por investidores no mundo) verificou que para 52% das pessoas entrevistadas os dados ESG disponíveis não eram suficientes para tomar decisões de investimento[12]. Veja, em um ambiente de negócios em que investimentos ligados ao impacto social e ao propósito pessoal dos *stakeholders* são considerados diferenciais competitivos, essa é uma péssima notícia.

E o que ela nos diz? Que garantir clareza e transparências nos *reports* de ESG é algo que precisa ser perseguido pelas companhias como fator decisivo. Trata-se de excelente oportunidade para organizações que desejam fornecer uma atualização histórica sobre seus avanços em direção às metas ambientais, sociais e de governança corporativa.

E como conseguimos isso? Começa por compreender o que é uma matriz de materialidade ESG.

---

relat%C3%B3rios-esg-o-que-cfos-e-membros-ana-bav on-dn8wf/. Acesso em: ago 2024.

12 BAVON, Ana. Materialidade em relatórios ESG - o que CFOs e membros do Comitê Executivo precisam saber. LinkedIn, mar 2024. Disponível em: https://www.linkedin.com/pulse/materialidade-em-relat%C3%B3rios-esg-o-que-cfos-e-membros-ana-bav on-dn8wf/. Acesso em: ago 2024.

Numa abordagem breve e simples, podemos definir uma matriz de materialidade ESG como a ferramenta hábil para identificar e priorizar as questões ambientais, sociais e de governança que são as mais críticas para a organização e, portanto, para o business. Essa avaliação ajudará os decisores a identificar e entender a importância dos tópicos ESG específicos para sua organização, considerando o seu ambiente mercadológico e posicionamento. Isso envolve olhar para uma variedade de fatores através de duas lentes específicas: impacto potencial em sua organização e importância para as partes interessadas.

Compreender a matriz de materialidade permite concentrar e categorizar as informações e dados obtidos de diferentes estruturas e para quem os resultados são relevantes. Dessa forma, fica mais tangível e possível desenvolver uma narrativa de impacto para a organização, ajudando a atrair o interesse de investidores, consumidores e demais *stakeholders* envolvidos.

3. Adotar estratégias sem pensar na interconexão com todas as três letrinhas do ESG

Nesses anos todos em que estudo e atuo nesse terreno, entendo que já esteja pacificada a ideia de que as três letras da sigla ESG reverberam de forma transversal na sociedade e no mundo corporativo. Na prática, significa dizer que elas devem estar interligadas, uma vez que só conseguem cumprir sua função de forma bem-sucedida quando analisadas e trabalhadas em conjunto.

Entretanto, nessa interconexão, o S tem um papel mais pronunciado. Sem tirar a importância das outras duas letras, é como se o Social fosse uma linha, que existe sozinha, mas que, também, vai costurando os caminhos do E e do G. Essa relação nem sempre é levada em consideração no planejamento e na execução das ações ESG pelas empresas. E isso acaba resultando em ações em desequilíbrio que não conseguem cumprir integralmente o seu propósito.

Vamos pensar em um exemplo que deixe claro essa interconexão. Digamos que nosso foco é reduzir a pobreza ou trabalhar a inclusão. Nesses casos, estamos olhando não apenas para o fator humano, mas também para as implicações no entorno. Quando pensamos nas siglas E (ambiental) e S (social) em conjunto, temos a possibilidade de, em uma ação estratégica bem elaboradora, impactar ambas as agendas concomitantemente.

A questão do saneamento básico no Brasil é um bom exemplo. De acordo com o "Ranking do Saneamento 2024" realizado pelo Instituto Trata Brasil[13], o

13 INSTITUTO TRATA BRASIL, GO ASSOCIADOS. Ranking do Saneamento 2024. Disponível em: https://tratabrasil.org.br/wp-content/uploads/2024/04/Resumo-Executivo-Ranking-do-

Brasil não trata 47,8% do esgoto que gera e, com isso, joga na natureza o equivalente a 5,2 mil piscinas olímpicas de detritos sem tratamento diariamente. Um estudo da Associação Brasileira de Engenharia Sanitária - Seção Espírito Santo (ABES-ES)[14] dá pistas das implicações decorrentes desse problema de ordem pública. De acordo com o levantamento da entidade, no primeiro trimestre de 2020 o Brasil registrou mais de 40 mil internações no Sistema Único de Saúde (SUS) por doenças relacionadas à falta de infraestrutura de saneamento básico, sendo certo que, se 100% da população tivesse acesso à coleta de esgoto, esse número cairia expressivamente.

Olhando com lupa, poderemos perceber que a população mais atingida por essa questão é massivamente negra. Ou seja, a ausência de saneamento básico é componente do racismo ambiental dentro da nossa sociedade que é estruturalmente racista. Percebeu que a importância de entender a interconexão entre essas problemáticas é atuar ativamente para a promoção de uma agenda social efetiva que abarque as duas? Só assim poderemos ir além do senso

Saneamento-de-202 4-TRATA-BRASIL-GO-ASSOCIADOS.pdf. Acesso em: set 2024.

14 ABES-ES. Brasil registra 40 mil internações por falta de saneamento nos primeiros três meses do ano; gastos chegam a R$ 16 milhões, jun 2020. Disponível em: https://abes-es.org.br/brasil-registra-40-mil-internacoes-por-falta-de-saneamento-nos-primeiros-tres-mese s-do-ano-gastos-chegam-a-r-16-milhoes/. Acesso em: ago 2024.

comum que defende diversidade dentro do pilar social como uma agenda exclusivamente voltada para o acesso ao mercado de trabalho por pessoas de grupos historicamente minorizados.

O conceito de racismo ambiental foi cunhado por Benjamin Franklin Chavis, liderança negra norte-americana que lutou pelos direitos civis. Ele procurava descrever o contexto de certas pessoas, geralmente a população negra e, consequentemente, mais pobre, afetadas de forma desproporcional pelos impactos ambientais. Sem amparo do poder econômico, político e social, elas se veem mais suscetíveis às consequências negativas.

Existem outras manifestações de racismo ambiental, além dessa falta de acesso ao saneamento básico. É o que vemos hoje, com as catástrofes naturais cada vez mais frequentes por conta do aquecimento global. No cenário brasileiro, podemos até pensar que as grandes chuvas, que já são fenômenos sazonais em nossa agenda, acontecem de forma igual para todos. Pessoas ricas e pobres, negras e brancas, mulheres e homens, estão igualmente suscetíveis a esse tipo de evento, certo? Não!

Acompanhando com mais atenção os noticiários, podemos perceber que chuvas que destroem casas, alagam cidades e causam mortes impactam muito mais a vida de algumas pessoas do que de outras. Não estou dizendo com isso que esse tipo de catástrofe não pode, vez ou outra, acontecer com a população que possui maior renda, ou ter como alvo as pessoas brancas, mas isso é uma exceção, não regra. O contexto social e econômico faz com que determinada parcela da população não tenha condições de suportar esse tipo de fenômeno natural por ocupar áreas de risco. E essas pessoas se instalam nessas áreas não por escolha, mas por necessidade, pela falta de políticas públicas capazes de suportar o enorme contingente marginalizado em razão da sua vulnerabilidade social.

São situações em que o ambiental se cruza com o social e em que práticas orientadas para a promoção do desenvolvimento sustentável, a responsabilidade social e a ética nos negócios podem ajudar a superar. Não é possível olharmos o meio ambiente sem desdobrarmos o impacto da sua degradação na vida de comunidades específicas, e para isso é necessário fortalecer o papel de uma governança forte e atuante.

Assim, colocamos na mesa a necessidade de também conectar o S ao G, da governança. É fácil notar que sem um olhar para o Social, a governança perde seu potencial estratégico. Dentro das organizações, cabe ao G estabelecer os processos e procedimentos de governança, tomada de decisões e atuação diante de toda a cadeira de *stakeholders*. É responsabilidade do G especificar as estratégias que a empresa irá seguir e os elementos em que elas irão se basear, como lucro e propósito.

Aqui também vale pensarmos em um exemplo prático. Digamos que uma indústria de alimentos tenha assumido um compromisso público de eliminar todo o plástico de sua produção até 2030. Uma ação muito bacana que está completamente alinhada com os pontos de vista de sustentabilidade e governança adotados pela organização. Entretanto, quando olhamos a cadeira de fornecedores dessa empresa, descobrimos que um deles produz com mão de obra de pessoas que estão em regime análogo a escravidão. A governança cochilou aqui. Sinal de que ela não estava olhando de forma estratégica para as ações. Afinal, estamos falando de um crime. Viu como é importante que, ao implementar seus sistemas de governança, as organizações sejam orientadas pelo que entendem como o seu papel social? Em suma, G e S também têm tudo a ver.

Portanto, como procurei demonstrar com esses exemplos, não dá para negligenciar o fato de que o Social está no pano de fundo de todas as ações ESG e que as três letrinhas precisam andar juntas. Afinal, são as pessoas que movem as empresas, os países e o mundo. Como sempre falo, se as organizações são formadas por pessoas, produzem para elas e a partir do trabalho delas, nada mais lógico do que o social ter cadeira cativa em cada uma das letras. É o que chamo de humanismo radical, conceito que abordarei mais detalhadamente no próximo capítulo.

CAPÍTULO 3

O ESG sob a ótica dos Direitos Humanos

Como vimos no capítulo anterior, é fundamental integrar as três letrinhas do ESG. Mas, dando um peso especial ao S. Para isso, o caminho que defendo é o do humanismo radical. E o que quero dizer com esse termo? Humanismo radical é colocar as pessoas no centro das decisões e no centro das transformações. Em um mundo ideal, basta seguir as diretrizes lançadas ainda no século passado, mais precisamente em 1948, pela Organização das Nações Unidas (ONU). Estou falando da Declaração Universal dos Direitos Humanos, proclamada naquele ano pela Assembleia Geral da ONU e que já diz tudo no primeiro artigo: "Todos os seres humanos nascem livres e iguais em dignidade e direitos. São dotados de razão e consciência e devem agir em relação uns aos outros com espírito de fraternidade"[15].

15 UNICEF. Declaração Universal dos Direitos Humanos. Portal do Unicef. Disponível em: https://www.unicef.org/brazil/declaracao-universal-dos-direitos-humanos. Acesso em: set 2024.

É uma diretriz que vale para todos. Inclusive para as empresas. Afinal, entendemos que empresas são atores sociais, que impactam a sociedade e, ao mesmo tempo, são impactadas por ela. Portanto, precisamos falar das responsabilidades das organizações diante da sua atuação no mundo e de todas as pessoas e instituições com quem ela se relaciona, ou seja, de toda sua cadeia de *stakeholders*. É fundamental que nessas relações as pessoas ocupem um papel central. E não me refiro apenas ao cuidado com os colaboradores que tocam o dia a dia da empresa, mas também às pessoas que são impactadas por um negócio. O desafio é gerar riqueza sem descuidar do ser humano. E as empresas precisam estar engajadas nessa missão em um momento no qual o capitalismo se reinventa e novas questões sociais brotam o tempo todo.

Isso é bom para as pessoas e para as empresas também. A agenda da Diversidade, Equidade e Inclusão (DE&I) é um bom exemplo. Ela começou a ser trabalhada nas organizações sem uma estratégia conectada ao business. Ainda assim, trouxe materialidade suficiente para demonstrar a conexão entre as ações de diversidade, equidade, inclusão e os resultados e impactos em lucratividade, o que comprovou a necessidade de tornar essas estratégias ainda mais robustas, entendendo que DE&I é apenas uma das áreas onde o ESG ganha protagonismo quando conectado à agenda de Direitos Humanos.

E sabe por quê? Se você observar em detalhe vai perceber que o que a agenda de DE&I exige é que todas as pessoas sejam tratadas conforme as diretrizes universais de Direitos Humanos. Em outras palavras, uma agenda de DE&I devidamente conectada a estratégias de negócio e materializada pelo ESG tem o poder de **proteger, respeitar e remediar** esses direitos. A meu ver, esses três princípios formam um todo complementar, na medida em que cada um apoia os outros na conquista do progresso empresarial sustentável.

CULTURA INCLUSIVA E *PEOPLE CENTRED*

Tudo isso passa por cultivar na empresa uma cultura inclusiva com base no humanismo radical. Uma cultura *people centred*, ou centrada em pessoas. E nesse ponto acho importante falar um pouco sobre as bases teóricas nas quais embaso minha argumentação nessa área. Acredito que conectar o conceito da cultura inclusiva à perspectiva do humanismo radical nos ajuda a fazer alguns questionamentos necessários a respeito da sociedade em que estamos inseridos. Isso porque não temos muito como falar de organizações onde trabalhamos, atuamos ou gerimos sem considerar a sociedade que nos compõe.

Antes de trabalhar com cultura inclusiva, atuei na área jurídica, como mencionei na introdução. Lidava com a gestão estratégica de passivos trabalhistas e migrei para o outro lado do balcão, tentando ajudar a tornar as relações profissionais nas organizações mais saudáveis, mais dinâmicas e evitando que terminassem em demandas judiciais. Portanto, é uma atividade que exige uma perspectiva muito voltada às questões de ética, de integridade, de governança.

Nessa abordagem, eu me socorro em quatro teóricos bem conhecidos por quem trabalha na área de administração. São nomes fundamentais no desenvolvimento não só das teorias que temos hoje sobre cultura e ambiente organizacional, mas também a respeito do humano, de quem somos nós, para onde vamos, o que estamos fazendo aqui nesta bola azul cheia de água – que, por sinal, pouca água tem, já que lidamos com questões ambientais bem sérias em algumas regiões do planeta em relação à escassez desse recurso.

Os dois primeiros são Gibson Burrell e Gareth Morgan, autores do livro *Sociological paradigms and organisational analysis* (sem tradução para o português, o livro se chamaria "Paradigmas sociológicos e análise organizacional", em tradução livre), publicado em 1979, pela editora Ashgate Publishing Ltd.

Em suas pesquisas, esses dois sociólogos britânicos concluíram que existem quatro paradigmas, ou mapas mentais intelectuais, que orientam a pesquisa social[16]. O principal deles, e o que uso para embasar o meu trabalho, é o paradigma do humanismo radical. Ele se opõe totalmente ao paradigma que vinha e vem sendo trabalhado pelas organizações, que é aquele mais voltado para a funcionalidade. Ou seja, aquele que enxerga as pessoas como peças, ou elementos que estão ali simplesmente para girar uma roda e produzir o que vai se tornar valor em espécie ou valor em *share*, dependendo dos *shareholders* desenvolvidos. Ao contrário disso, o paradigma do humanismo radical coloca as pessoas e suas subjetividades no centro das estratégias de negócio.

Outro teórico que uso nas fundamentações do meu trabalho se chama Frantz Fanon (1925-1961), um psiquiatra e filósofo francês. Nascido na ilha da Martinica, na época uma colônia francesa e hoje um departamento ultramarino da França, ele desenvolveu um estudo muito profundo a respeito de como se compõe a sociedade de países ou estruturas que foram colonizados. Embora tenha tido educação europeia, Fanon fala muito sobre nós, brasileiros, porque somos um país colonizado e é impossível pensarmos em pessoas e humanos sem considerar as subjetividades de cada um de nós. E a nossa subjetividade é essencialmente elaborada pela forma como a estrutura social nos

---

16 FGV EAESP. Vídeo 1 - Introdução - Burrell e Morgan - Seminário - FGV EAESP. Disponível no YouTube: https://www.youtube.com/watch?v=Xe8bbilM1Cw. Acesso em: set 2024

atravessa e de que maneira nos conhecemos e nos desenvolvemos dentro dessas sociedades.

Por fim, outra referência teórica à qual recorro é Amy Edmondson, professora da Harvard Business School, referência em cultura de segurança psicológica das organizações. Ela tem um livro chamado *The Fearless Organization*, publicado em 2018 pela editora Wiley (a versão brasileira se chama *A organização sem medo*, da Altabooks). Mas sem medo do quê, gente? Uma organização sem medo de errar. É sobre isso que nós estamos falando. Uma organização em que o colaborador possa se sentir seguro para expressar sua subjetividade. E em que essa subjetividade seja acolhida e valorizada, de modo a gerar valor para o business daquela organização.

UM RETRATO DA EXCLUSÃO

Bom, e como todas essas ideias podem reverberar de forma prática em ações de ESG? Como elas podem ser aplicadas no dia a dia das organizações? Conseguimos enxergar melhor os efeitos práticos na área de diversidade, equidade e inclusão, uma bandeira que começou a ser levantada pelas parcelas minorizadas da sociedade, dizendo o seguinte: "Olha, na nossa sociedade não somos uma massa homogênea; somos pessoas diversas e não estamos incluídas nas organizações".

O modelo primordial que ocupa as altas lideranças nas corporações é o de um executivo padrão muito baseado no europeu ou estadunidense, que compõe a imagem do sucesso e do êxito. Em outras palavras, embora sejamos um país plural, absolutamente diverso e específico na maneira como nossa população é composta, elegemos um homem branco heterocisnormatico como padrão, como o único capaz de gerir uma organização, como único capaz de se sentar na cadeira de líder máximo e tomar decisões.

Sempre funcionou dessa forma até o momento em que as mulheres precisaram entrar no mercado de trabalho e começaram a galgar suas posições de uma maneira mais ambiciosa. Então, num primeiro momento, foram as questões de gênero que puxaram a onda de reivindicar espaço para si nesse universo de poder. E as mulheres seguem na luta, afinal estamos longe de atingir a equidade nesse terreno, como mostra um levantamento da Confederação Nacional da Indústria (CNI). Com base em dados de 2023, ele aponta que apenas 39% dos cargos de liderança nas empresas brasileiras são ocupados por mulheres[17]. Esse percentual diminui em postos mais elevados, aponta o "Perfil Social, Racial e de Gênero das 1.100

---

17 TEIXEIRA, L.B. Mulheres estudam mais tempo, mas não chegam a 40% de cargos de liderança. Portal UOL, mar 2024. Disponível em: https://economia.uol.com.br/noticias/redacao/2024/03/05/mulheres-cargos-de-lideranca-cni.htm. Acesso em: set 2024.

maiores empresas do Brasil e suas ações afirmativas 2023-2024", do Instituto Ethos. Segundo esse levantamento, a presença feminina no quadro executivo e na diretoria é de apenas 27,7%; nos conselhos de administração é ainda menor, somente 18,6%[18]. Quando racializamos esses dados e observamos a realidade das mulheres negras – como eu –, esses números chegam a ser inexpressivos, demonstrando que nossa questão é interseccional – gênero e raça –impedem avanços de forma mais cruel. De acordo com o levantamento do Instituto Ethos, a presença de mulheres negras na alta liderança das empresas brasileiras é ínfima: 1,8% nos conselhos de administração e 3,4% no quadro executivo.

Depois veio a questão LGBTQIA+; as pessoas dessa comunidade precisavam fazer um esforço sobre-humano para compor aquela necessidade organizacional de uma estrutura muito mais funcional e cartesiana. Ou seja, quando olhamos pela lente da interseccionalidade, e somamos ao gênero outros marcadores sociais, como o de mulheres lésbicas, trans, 50 mais ou PCDs, por exemplo, os obstáculos no mundo corporativo para ascender na carreira são ainda mais penosos.

18 Perfil Social, Racial e de Gênero das 1.100 maiores empresas do Brasil e suas ações afirmativas 2023-2024. Instituto Ethos, set 2024. Disponível em: https://www.ethos.org.br/publicacao/perfil-social-racial-e-de-genero-das-1-100-maiores-empresas-do-bras il-e-suas-acoes-afirmativas-2023-2024/. Acesso em: set 2024.

Embora em um ritmo lentíssimo, começamos a lutar contra essa realidade ao questionar a maneira como as mulheres, as pessoas LGBTQIA+ – ou qualquer indivíduo que fugisse do padrão europeu hetero-cisnormativo de liderança – eram cerceadas em suas pretensões de ascensão na carreira. Ao questionar por que isso acontecia, começamos a perceber que a cultura do ambiente organizacional era o oposto de inclusivo.

Pode parecer estranho falarmos em barreiras que marginalizam as pessoas diversas, aquelas que fogem de um padrão específico e valorizado, em um ambiente plural como o do Brasil. Mas é essencial encarar isso se queremos falar da humanização do trabalho. E se precisamos falar de humanização do trabalho é porque em algum momento a gente desumanizou. Quando falo de desumanização, estou me referindo a uma parcela enorme da população brasileira, que são as pessoas negras – de acordo com dados do Instituto Brasileiro de Geografia e Estatística (IBGE) colhidos no Censo de 2022, 55,5% dos brasileiros se declaram pardos e pretos[19]. Por quê? Porque essas pessoas fo-

---

19 BELANDI, C., e GOMES, I. Censo 2022: pela primeira vez, desde 1991, a maior parte da população do Brasil se declara parda. Portal Agência IBGE Notíciasm, dez 2023. Disponível em: https://agenciadenoticias.ibge.gov.br/agencia-noticias/2012-agencia-de-noticias/noticias/38719-censo-2 022-pela-primeira-vez-desde-1991-a-maior-parte-da-populacao-do-brasil-se-declara-parda. Acesso em: set 2024.

ram as mais excluídas estrategicamente do ambiente de negócios e, obviamente, das posições mais altas de liderança.

Portanto, quando falo de cultura inclusiva, nessa perspectiva do humanismo radical de Burrell e Morgan combinada com a de Fanon, quero dizer essencialmente que precisamos olhar a composição da sociedade em que as organizações estão incluídas e buscar que exista dentro dos cargos de tomadas de decisão dessa organização uma proporcionalidade que corresponda à realidade demográfica desse país. Infelizmente ainda estamos muito longe desse quadro ideal – lembrando que, conforme o Censo 2022, pretos e pardos representam 55,5% da população brasileira. De acordo com o levantamento do Instituto Ethos, ainda que 52,3% do quadro funcional das empresas pesquisadas fosse composto por pretos e pardos, os números mostram um afunilamento da presença destes nos níveis hierárquicos mais elevados. Eles são apenas 13,8% no quadro executivo e diretoria e 5,9% do conselho de administração[20]. O que nos faz pensar que, no Brasil, nós ainda precisamos fazer um gigantesco trabalho de tentar compreender por que, mesmo diante de nosso perfil populacional plural, ain-

---

20 Perfil Social, Racial e de Gênero das 1.100 maiores empresas do Brasil e suas ações afirmativas 2023-2024. Instituto Ethos, set 2024. Disponível em: https://www.ethos.org.br/publicacao/perfil-social-racial-e-de-genero-das-1-100-maiores-empresas-do-bras il-e-suas-acoes-afirmativas-2023-2024/. Acesso em: set 2024.

da seguimos colocando nossas organizações dentro desse mesmo padrão que até hoje não funcionou muito bem; ou, se funcionou, beneficia uma parcela muito pequena da população.

VALORES, O X DA QUESTÃO

Para começar a responder, precisamos entender os elementos essenciais em uma cultura inclusiva. E o que é uma cultura inclusiva? Podemos dizer que se trata da expressão de valores, de escolhas e de modelos que os CEOs ou a alta diretoria de uma organização têm e cascateia para baixo, para todas as pessoas que a compõem. Só que, no dia a dia da organização, esse processo não se dá de uma forma assim tão orgânica. Precisamos entender que a cultura organizacional é realizada cotidianamente por uma combinação de valores de várias pessoas diferentes.

Eu vejo muito isso principalmente nas políticas de compliance. Sempre que visito meus clientes, a primeira coisa que olho é para sua política de compliance. E quando pergunto a eles qual é a conduta desejada de seus colaboradores, a resposta é uma só: "faça a coisa certa". Beleza. Mas o que é a coisa certa? A coisa certa para mim pode ser diferente da coisa certa para a Kátia, para a Lígia, para o Cláudio... Cada um de nós tem um conceito da coisa certa a fazer, dependendo do momento em que nós vamos fazer a escolha, certo? Portanto, precisamos entender como essas coisas são interpretadas por pessoas. Se eu estou falando de uma cultura inclusiva, que é composta pelos valores de cada pessoa e nos quais cada pessoa precisa se ancorar para fazer a coisa certa, é essencial garantir a essas pessoas a segurança psicológica necessária para que possam se expressar sem medo. Olha aí a base teórica da Amy Edmondson.

A segurança psicológica é a possibilidade de sermos quem somos a partir da nossa idiossincrasia, da nossa singularidade. É poder ser quem somos e contribuir com as nossas opiniões, nossos pontos de vistas e a nossa narrativa de vida para o desenvolvimento de produtos, serviços, soluções e tomadas de decisão das pessoas que compõem a nossa organização. Para que isso ocorra, é preciso criar uma cultura em que a tentativa e o erro sejam ovacionados. Uma cultura em que a pluralidade de pessoas não só é valorizada, como é potencializada por meio de treinamento, por meio de desenvolvimento.

Existem várias formas de fomentar uma cultura de pluralidade e uma cultura de valorização das diversidades. Mas, com certeza, tudo o que a gente for pensar em fazer em cultura inclusiva, é fundamental adotar como palavrinhas mágicas o *people centred* ou pessoas no centro.

Tudo isso envolve ética, integridade, legado. Percebe que são valores muito humanos que devem estar conectados às estratégias do negócio? E precisamos fazer um mergulho fundo para entender as muitas camadas de formação desses valores em nossa sociedade, a partir de todas as questões que nos atravessaram e atravessam ainda hoje. Retomando a Fanon, ele diz que numa sociedade que foi colonizada todos são afetados. Quando falamos da colonização do Brasil, estamos diante de uma estrutura bastante complexa – uma nação formada com base na violência em cima de uma grande parcela de pessoas, os africanos, que foram sequestrados e transformados em peças-chave na construção econômica do país. Precisamos revisitar tudo isso para entender quem é o brasileiro, o que é o Brasil e como ele foi desenvolvido.

Quando falo do sequestro de pessoas do continente africano trazidas para o Brasil significa que as subjetividades dessas pessoas foram rompidas, cindidas. Como é que eu posso desenvolver uma nação em cima de qualquer pessoa que foi esbulhada na sua individualidade, que teve seus direitos civis e de personalidade excluídos por meio da força, por meio da violência, por meio de várias estratégias que compuseram ali aquele período da história?

É impossível que isso não deixe lastros e que não esteja arraigado na formação da sociedade. E como isso se manifesta até hoje? Na construção do racismo estrutural, do racismo institucional, de diversos estereótipos e expectativas ligadas à pessoa negra que impedem que esse indivíduo ascenda profissionalmente. E por que falo tanto da perspectiva da pessoa negra? Porque se essa parcela, que é maioria da nossa população, está excluída do ambiente de negócios e da tomada de decisões, existe outro grupo que também é afetado por esse mesmo ponto de vista e que vive uma realidade que talvez não seja tão transparente para si mesmo. O mesmo disparate que coloca pessoas em inferiorização posiciona outras em superioridade. Uma superioridade imaginária.

Mais uma vez evocando Fanon: ele diz que quando duas etnias (nesse caso, pessoas brancas e pessoas negras) de um país colonizado são atingidas pela violência da colonização, ambas são prejudicadas. De uma forma ou de outra, tanto a pessoa branca como a negra são atravessadas pelo racismo e precisam entender de que forma isso atua na vida delas, porque atua. Pode não se manifestar na forma daquele racismo comportamental, onde um indivíduo atinge o outro diretamente por meio de palavras ou ações que são discriminatórios, mas de uma maneira inconsciente. Por exemplo, alguém que está na posição de decisão na contratação de um colaborador pode manifestar esse racismo inconsciente optando por contratar um candidato branco em detrimento de outro negro, embora ambos tenham a mesma qualificação. O racismo é constitutivo, ele compõe a subjetividade de pessoas negras e não negras, cada qual sob uma égide diferente.

Quando temos consciência disso, começamos a perceber que, em alguns ambientes organizacionais, em algumas empresas que podem até ser ambientes muito legais para trabalhar, existem muitos líderes em cargos de alta liderança e nos conselhos que estão ali tomando decisões absolutamente guiados por vieses e preconceitos, produto dessa nossa sociedade que é absolutamente estruturada nas questões de racismo e androcentrismo.

Para desmontar esse modelo de comando e controle, do presenteísmo, de uma gestão muito mais voltada para a força e o sucesso ligado a métricas de números, desconsiderando a maneira específica com que cada um de nós desenvolve soluções, é fundamental falar de uma cultura que precisa colocar o humano radical no centro.

Qual é o impacto disso para os negócios?

Numa empresa excludente, as soluções de produtos, serviços e até de atendimento ao consumidor são muito voltadas também para o padrão. E quem é o padrão, novamente? É esse homem heterossexual, cisgênero, branco, de meia idade, que é o símbolo do que ligamos hoje a êxito e força. Que é a gestão que a gente já tem internalizada há algum tempo, a gestão de comando e controle. Um modelo que, no contexto atual que exige das corporações inovação e competitividade, não está entregando o que elas precisam.

ELEMENTOS IMPORTANTES NA TRANSIÇÃO

O que acho importante frisar aqui é que, quando começamos a pensar na transição para uma organização muito mais focada nos valores humanos – ou seja, na valorização da subjetividade e na contribuição das narrativas a partir das perspectivas individuais e da pluralidade –, é necessário que a organização retrate a mesma pluralidade de agentes que compõem a sociedade na qual ela está inserida. Porque, quando falo de humanismo radical, estou me referindo a tirar da frente as barreiras que nos compõem e que impedem a potencialidade que são os marcadores sociais da diferença. É especificamente por eu ser uma mulher, por eu ser uma mulher negra, por eu ser uma mulher de 40 ou 50 mais, uma pessoa LGBTQIAP+, ou por ser uma pessoa com ou sem deficiência, que eu tenho uma percepção única de mundo e é essa percepção que compõe a diversidade cognitiva com a qual eu contribuo para o mundo e para um debate estratégico das empresas.

Precisamos reconhecer esses marcadores da diferença como elementos fundantes da nossa estrutura, considerar todos eles e olhar para valores humanos. Temos que olhar para o humano como uma interconexão essencial no processo de avanço coletivo. Isso significa que quando vou tomar uma decisão – seja ela na minha equipe, seja ela na minha autogestão, seja ela no desenvolvimento de algum produto ou serviço –, é necessário entender que tipo de conjunto de valores vou usar para orientar essa tomada de decisão. Esses valores são inclusivos ou excludentes?

Outra questão fundamental, e aqui está o pulo do gato: o aval da liderança é imprescindível. De fato, o embaixador da cultura inclusiva precisa ser o CEO, precisa estar dentro dos conselhos. É a liderança, pelo exemplo, que norteia a mudança: "Olhe como eu faço, veja quais valores orientam minha escolha e faça igual". Quando isso fica claro para a alta liderança, ela começa a compreender para onde está indo a cultura da sua organização. Isso é muito importante de ser dito. A cultura organizacional nada mais é do que a composição dos valores que a gente usa para viver no mundo.

Afinal, dentro da empresa não sou diferente do que sou dentro da minha casa. Hoje em dia, a vida compartimentada já não faz mais sentido. Uma pessoa não pode ser dividida entre vida no trabalho e vida doméstica. Uma coisa interfere na outra. O colaborador precisa estar em dia com suas necessidades afetivas para ser mais produtivo. Ele valoriza tanto sua família quanto as entregas que precisa fazer na empresa. Se sabemos que os nossos estão bem, conseguimos desenvolver um bom trabalho. E assim acontece com diversos outros aspectos da individualidade. Um exemplo: eu não preciso fazer uma escova no meu cabelo crespo para ser respeitada na minha posição de alta liderança.

Então, veja, é muito importante desconstruir o que temos como modelo ideal de gestor e performance perfeita, e olhar para as pessoas procurando perceber como é que cada uma, dentro das suas habilidades e subjetividades, podem contribuir para chegarmos nos lugares em que queremos chegar. Desconstruir os modelos que fomos escolhendo para compor o nosso imaginário, nossos universos, e perceber quais desses conjuntos de valores são menos ou mais excludentes.

Aí você me diz: "Ana, é muito legal, muito bom isso tudo que você está falando, mas como é que eu coloco a mão na massa? Como começo a desenvolver uma cultura inclusiva na minha organização, considerando que as pessoas precisam estar conectadas com esses valores de negócio?".

Eu costumo dizer que a cultura inclusiva tem uma fórmula simples, que se apoia em dois eixos: o *data driven*, conceito que se refere a empresas que tomam suas decisões orientadas por dados, e o *people centred*, que, como já mencionei, coloca a pessoas no centro. Fazer rodar a agenda ESG e de diversidade e inclusão amparada nesses dois eixos é responsabilidade da corporação como um todo e não apenas de áreas específicas como a de Recursos Humanos ou de Sustentabilidade. Pelo contrário, o fomento dessa cultura deve ser um elemento estratégico da companhia, precisa ser tratado de forma integrada, engajar todos os *stakeholders* e, principalmente, contar com o envolvimento do C-Level.

Na metodologia que desenvolvi nesses anos todos trabalhando na área, proponho uma abordagem que engloba três frentes: pessoas, negócios e riscos. Na primeira, olhamos tanto para o público interno (colaboradores) quanto para o externo (a sociedade) que são impactados pela organização e pensamos nas estratégias para proteger e respeitar os seus direitos e também mitigar eventuais danos. A segunda frente trata de ajudar as empresas a efetivamente colocarem em prática estratégias de gestão guiadas pelo ESG, mostrando a elas que não se trata apenas de uma carta de boas intenções ou benevolência, e sim algo que se reflete em lucratividade e sustentabilidade do negócio. Por fim, a frente dos riscos analisa os impactos causados pela empresa em sua atuação e como a aplicação correta das estratégias ESG podem evitar danos a sua reputação. Falaremos mais sobre cada uma dessas frentes nos próximos capítulos.

CAPÍTULO 4

Pessoas: proteger, respeitar, remediar

Não faltam na internet frases pomposas sobre igualdade. Já vi muitas, uma em especial, apesar de ser muito batida, chamou minha atenção certa vez: "Éramos todos humanos até que a raça nos desligou; a religião nos separou; a política nos dividiu; e o dinheiro nos classificou". E por que me chamou a atenção? Pura e simplesmente porque não, não somos iguais. Somos diferentes, sim – e que bom! Já pensou que pequeno seria o mundo se ele tivesse somente as cores e as formas que meus olhos são capazes de enxergar? É o olhar do outro que oferece a maravilhosa oportunidade de ampliarmos o nosso limitado universo. Dependemos uns dos outros para termos uma experiência de vida mais rica.

E isso é o que reforça ainda mais meu entendimento de que uma das frentes fundamentais das estratégias ESG deve estar focada nas pessoas, em trazê-las para o centro das decisões e das transformações. Para que, efetivamente, possamos conviver todos em um ambiente de justiça social. Para garantir isso, é fundamental que as ações baseadas no people centred se ramifiquem nesses três "pês": proteger, respeitar e remediar *(veja algumas dicas e sugestões que podem ajudar nas principais dúvidas sobre ações nesse frente à pág. Xx).*

DIVERSIDADE, EQUIDADE E INCLUSÃO TÊM QUE ANDAR JUNTAS

A agenda DE&I é o carro-chefe nessa frente que olha para as pessoas. Desde que não a encaremos apenas como uma causa, uma pauta ou um voluntariado. DE&I deve ser parte da estratégia de negócios da organização, na forma de uma agenda transversal de múltiplos impactos, entre eles o de mitigar os efeitos da ampliação da desigualdade social causados pela própria natureza da atividade empresarial.

E por onde começamos? Em primeiro lugar, é preciso reafirmar que diversidade, equidade e inclusão precisam andar juntas. Parece claro, não é? Mas ainda existe um descompasso importante nessa caminhada. Foi o que indicou a parte de "escuta social" que a McKinsey incluiu na edição de 2020 de uma série de pesquisas que realiza sobre o tema, intitulada "A diversidade vence: como a inclusão é importante"[21].

---

21 MCKINSEY. A diversidade vence: como a inclusão é importante. Portal McKinsey, mai 2020. Disponível em: https://www.mckinsey.com/featured-insights/diversity-and-inclusion/diversity-wins-how-inclusion-matters. Acesso em: out 2024.

Entre os funcionários das empresas pesquisadas que foram ouvidos para o levantamento, 52% demonstraram sentimentos positivos em relação à diversidade e 31%, sentimentos negativos. Essa relação se inverteu no quesito inclusão: 61% tinham sentimentos negativos e apenas 29%, positivos. Esses percentuais mostraram que, mesmo as organizações mais diversas, precisam dar mais atenção à inclusão.

E onde está o problema? Os pesquisadores da McKinsey concluíram que não basta criar estratégias para contratar talentos diversos. Também é preciso ter uma atenção especial para a experiência que esses talentos terão no ambiente de trabalho. Pois é isso que será determinante para que eles permaneçam e prosperem na empresa. Essa ainda é uma dificuldade para muitas corporações, segundo apontou outra pesquisa, "Diversidade, equidade e inclusão nas organizações 2023"[22], conduzida pela Delloitte. Realizado entre julho e outubro de 2023, o estudo ouviu 374 respondentes de empresas de todas as regiões do país, das quais 76% contam com áreas dedicadas ou práticas DE&I estabelecidas e 71% têm grupos de afinidade voltados a questões relacionadas ao tema.

---

22 DELOITTE. Diversidade, Equidade e Inclusão nas Organizações 2023. Disponível em: https://www.deloitte.com/br/pt/about/people/social-responsibility/pesquisa-diversidade-inclusao-organiza coes.html. Acesso em: out 2024.

O levantamento da Deloitte mostrou que as ações para atrair diversidade (recrutamento e seleção) estão bastante presentes em 75% das empresas pesquisadas. Entretanto, as iniciativas para desenvolvimento e progresso desses profissionais dentro da organização, embora tenham registrado um avanço em relação ao levantamento feito no ano anterior, ocorrem em menor percentual, a exemplo de treinamento ou programa de formação (58%) ou de mentoria/coach (30%). As áreas onde se nota menos ações de DE&I são estratégicas, como a de promoção (19%) e a de feedback (27%).

A conclusão da pesquisa é que isso se dá porque, embora essas organizações apresentem avanços na estrutura que promove ações de DE&I, as iniciativas esbarram em alguns desafios, como resistência interna e cultura organizacional (40%), ambiente de negócios conservador (40%) e baixa adesão das lideranças (32%).

Está claro que organizações que se mostram socialmente responsáveis são bem-vistas pelo público, por seus consumidores e por agentes internacionais. Mas é quando seus colaboradores internos a percebem como inclusiva que consolida uma boa reputação para o negócio. Uma coisa puxa a outra. Sentindo-se valorizados, esses talentos diversos se tornam embaixadores da marca que tem a inclusão como valor agregado à sua cultura. E mais pessoas diversas se interessam em ingressar na organização. Ou seja, a diversidade só gera valor quando a inclusão vira uma cultura da empresa. Portanto, compreender a fundo porque é importante trabalhar a inclusão é uma tarefa prioritária da gestão atual.

CONCEITOS DIFERENTES

Mas, para começar, é preciso perguntar: você sabe mesmo o que significa diversidade, equidade e inclusão? Quando falamos em diversidade, equidade e inclusão, a tendência é pensar que são uma coisa só. E não são. Estamos falando de conceitos diferentes e que precisam coexistir nas organizações.

Primeiro, o que é diversidade? É o que nós somos, é o que nos compõe, é como existimos como pessoas em sociedade. Cada um de nós tem uma singularidade. Temos uma digital que é intransferível, assim como nosso CPF. Isso denota que somos seres singulares. Por sermos singulares, somos diferentes uns dos outros. Nossa aparência física pode ser semelhante, as etnias podem nos colocar num mesmo contexto, mas somos diversos porque a natureza humana é única. Se somos hoje mais de 8 bilhões de pessoas no planeta (Sim! Chegamos a esse número redondinho em 2022, segundo estimativas da ONU), temos mais de 8 bilhões de formas de existir no mundo. Porque cada um de nós imprime uma identidade no mundo a partir da nossa existência.

Só que aí é que está o pulo do gato. Essa diversidade tem um marcador social da diferença. Qual é o marcador social da diferença da Ana? Eu sou uma mulher cisgênero, negra de pele clara. Então, o que o mundo vê é isso. Essa representação do lado de fora do nosso corpo, da nossa identidade, da nossa diversidade, pode ser traduzida em vulnerabilidades sociais ligadas à dificuldade de acesso ao mundo do trabalho, por exemplo. Ao longo do tempo, certos sujeitos foram omitidos ou tiveram uma participação reduzida no modelo de negócio construído por muitas empresas. Historicamente, no Brasil, as pessoas negras têm muito menos acesso a promoções e progressão na carreira, como vimos no capítulo anterior. O mesmo ocorre com outras parcelas minorizadas, como mulheres, pessoas com deficiência, pessoas LGBTQI+, pessoas 50 mais.

O que acontece com essa população? Ela vai ficando à margem de onde os negócios acontecem. E quando a diversidade marcada do lado de fora do corpo remete à exclusão, ela gera a vulnerabilidade social. Ou seja, menos acesso a boas escolas, menos acesso à saúde, menos acesso a saneamento básico, menos acesso a uma condição socioeconômica mais confortável. E mais exclusão!

E aí a gente começa a falar do segundo conceito. O que é inclusão? É você trazer essas pessoas que foram historicamente colocadas à margem da sociedade, em razão do marcador da diferença que lhes atravessa, para dentro do jogo.

Então, como eu incluo pessoas? Promovendo equidade! Equidade significa fazer os ajustes necessários para nivelar os diferentes pontos de partida que as pessoas experimentam em sociedade a partir do seu marcador social da diferença. Ou seja, se dentro da sociedade eu tenho uma maioria de pessoas negras, como é o caso do Brasil, onde nós somos mais de 56% da população segundo dados recentes do IBGE, é preciso que a minha organização espelhe esses números. E não vale apenas colocar essa diversidade demográfica em lugares específicos, como a gente vê muito por aí, como cargos administrativos, estágios, posições mais operacionais. É preciso que essas pessoas tenham poder de decisão, que estejam em cargos que possam promover debates importantes, imprimindo sua narrativa de vida nas decisões do alto escalão, na alta liderança!

Portanto, considerando diversidade, equidade e inclusão, podemos dizer que precisamos de uma cultura nova nas nossas organizações, precisamos de uma cultura inclusiva, ou seja, uma cultura capaz de oferecer a segurança psicológica suficiente para que a pessoa possa ocupar todos os espaços de forma que ela se sinta pertencente. Aí é que está a complexidade da coisa. E como eu tenho essa segurança? Quando eu sou ouvida, quando minha posição em um debate estratégico é considerada, quando me vejo numa linha de sucessão e promoção, quando tenho um modelo lá em cima, na posição da mais alta liderança, que se parece comigo e me faz acreditar que posso chegar lá também, e quando consigo imprimir a minha identidade naquilo que eu faço. Quando posso falar sem medo de retaliação ou julgamento, quando posso tentar sem medo de errar, quando posso inovar ao oferecer minhas ideias, sem medo de punição.

Qual é o termômetro da inclusão? Existem pistas que podem ser observadas no dia a dia para sinalizar se a empresa tem uma cultura que favorece o acolhimento dos diferentes? Se eu sou uma pessoa LGBTQIA+, posso falar abertamente que eu sou LGBTQIA+? Se sou uma mulher trans, posso ser considerada com o meu nome social? Se sou uma pessoa negra e carrego uma identidade que remete à minha negritude (como um cabelo grande ou dreadlocks), posso usá-la dentro da organização sem ser recriminada por isso ou ser punida de modo velado (aquele levantar de sobrancelha; aquele gesto de dar mais atenção ao celular do que a mim quando estou falando na reunião)? Se a resposta for sim para todas essas questões, então a empresa está no caminho certo para a inclusão. Porque, reforçando, incluir não é só trazer essas pessoas para dentro da organização, mas oferecer um ambiente com segurança psicológica suficiente para que possam ser quem são, sem medo de retaliação ou de julgamentos.

O COMBO DO FUTURO

Quando entendermos isso e conseguirmos colocar em prática estaremos prontos para colher os frutos que a diversidade de pessoas é capaz de gerar – esse combinado maravilhoso de compreender que a diversidade é o que nos compõe como sociedade, como planeta, e que incluir e aceitar a individualidade e a contribuição singular que cada um tem para dar é o que vai fortalecer um futuro com justiça social para todos.

Porque a inclusão não é um favor. É uma questão de justiça social. Voltando ao exemplo da representatividade das pessoas negras em nosso país, apesar de sermos maioria da população, você consegue enxergar se esse grupo de indivíduos está *representado* na sua empresa, na mídia ou na política na mesma *proporção* dos dados do IBGE como maioria numérica? Definitivamente, não! As palavras que destaquei expressam conceitos diferentes: proporcionalidade é amostragem e representatividade é espelhamento.

Como seres humanos, antes de desejarmos ocupar um espaço precisamos nos enxergar nele. E esse é o papel inspirador da representatividade: servir de modelo para uma pessoa ou grupo que compartilha o mesmo marcador social. Por causa do grande impacto da representatividade na construção de identidades pessoais e sociais, ela tem sido cada vez mais cobrada pelos grupos de nossa sociedade que estão sub-representados em espaços de poder e influência. E qual é o efeito disso no mercado de trabalho? Ver um profissional ou uma profissional negra ocupando cargos estratégicos é o que vai impulsionar outras pessoas negras a buscarem o mesmo cargo. Já a proporcionalidade é numérica, representa a entrada de novos agentes inspirados ou motivados pela representatividade.

Para concluir este capítulo, acho importante reiterar que a cultura inclusiva não é um fim em si mesmo. Ela está no dia a dia das organizações, tendo sempre como norte um humanismo radical. Precisamos parar com esse imediatismo do "quero as coisas para hoje, para agora e para ontem". Temos que entender que a cultura se faz cotidianamente, observando que tipo de estrada estamos trilhando para construir um ambiente na organização onde as pessoas são o centro das decisões e das transformações.

Um processo de transformação de culturas passa pela mudança de mentalidades. Como seres humanos, somos complexos e levamos tempo para assimilar novos aprendizados. Como sempre falo, a primeira pessoa a dar materialidade a uma cultura inclusiva na organização é sempre a que ocupa a cadeira da presidência. É ela quem vai "cascatear" um comportamento mais ou menos inclusivo para os colaboradores por meio do exemplo e de suas decisões. É ela também quem tem a caneta capaz de assinar compromissos que coloquem a organização no caminho do bem-estar e da justiça social que incluam todos os grupos que compõem a sociedade onde ela está inserida.

A experiência que tenho tido com grandes organizações vem sendo bastante positiva nesse aspecto de unir intenção, ação e estratégia. Algumas organizações já entenderam que é impossível construir culturas inclusivas sem falar dos problemas estruturais da nossa sociedade, como o racismo, por exemplo, e sem construir ações que mitiguem sua reprodução no ambiente corporativo.

Não entender a complexidade de um trabalho que vise mitigar a reprodução das desigualdades e exclusões significa estar passível de correr riscos que podem trazer impactos negativos para toda cadeia de valor de uma empresa e minar a segurança psicológica das pessoas que a compõem e das que consomem seus produtos ou serviços.

ESTRATÉGIAS E DICAS

1. Para aumentar a diversidade, praticar a equidade e promover a inclusão na empresa

Em primeiro lugar, a alta liderança da empresa precisa estar alinhada ao fato de que promover diversidade, equidade e inclusão é um fator que trará lucratividade para o negócio. Porque, sim, DE&I traz inovação e valor para as organizações, uma vez que se trata de despertar o potencial das pessoas, o engajamento e o comprometimento que só são possíveis em culturas inclusivas.

Mas para conseguir tudo isso é preciso intencionalidade nos processos de recrutamento e seleção. O que é a intencionalidade? É pensar, por exemplo: "tenho uma vaga aberta, como posso promover a diversidade na empresa com essa contratação?" E então buscar no mercado com essa intenção: "tenho prioridade para mulheres, para pessoas negras, para LGBTQI+, para pessoas com deficiência ou 50 mais". Isso se chama discriminação positiva. Porque a gente tem dois tipos de discriminação: a negativa, quando eu perpetuo vulnerabilidades e exclusões; e a positiva, com a qual pretendo reverter tudo aquilo que o sistema, no automático, fez. E a organização tem suporte jurídico e da área de compliance para acolher nessa decisão. Então, se não existe essa intencionalidade, se a empresa não busca pessoas negras, por exemplo, no mercado, continuará levando para seus quadros os mesmos agentes de sempre. Representatividade sem objetivo de proporcionalidade não permite que um projeto de inclusão seja genuíno e efetivo. Será apenas uma ação para inglês ver. Se a empresa tem 200 funcionários e apenas dois deles são negros, está longe de ser um ambiente de trabalho diverso. Estará reproduzindo o desequilíbrio social que vivemos, e esses colaboradores continuarão sem voz.

Que estratégias posso usar para buscar o equilíbrio? A criação de programas afirmativos é um dos caminhos que muitas empresas estão trilhando com bons resultados. Comprovei isso na prática, construindo estratégias em DE&I, como o programa de liderança negra que iniciamos na Bayer em 2020. Foi a primeira iniciativa desse gênero no Brasil e exigiu coragem do CEO da empresa, pois ele estava ciente de que aquela ação causaria um debate público muito grande e que a organização poderia ser acusada de estar sendo excludente.

Na primeira turma do programa, tivemos 19 trainees negras e negros que, depois, passaram a integrar posições de direção na Bayer. Com os ótimos resultados, prosseguimos com uma nova turma de trainees com foco em ações afirmativas e reserva de vaga para pessoas negras. Saímos de 19 para 33 novos trainees. A demanda aumentou porque as diversas lideranças da Bayer solicitaram que mais trainees fossem integrados às equipes, animadas com o desempenho da primeira turma, que foi surpreendente. Os ex-trainees compartilharam experiências com a nova turma e os feedbacks foram bem positivos e inspiradores.

2. Para criar uma cultura inclusiva e de segurança psicológica para as pessoas na empresa

Promover na organização uma cultura inclusiva e oferecer um lugar em que as pessoas cheguem e queiram ficar não é fácil. Afinal, não podemos esquecer que as empresas são CNPJs formados por muitos CPFs e que cada um deles tem os seus vieses específicos. Em geral, somos conduzidos por viés de afinidade, buscamos homogeneidade porque é quentinho, é confortável. Não entendemos que é só na incerteza do diferente, do desconhecido, que conseguimos promover mudança e inovação.

Portanto, é uma questão de mudar comportamentos. Quando falamos do ponto de vista comportamental, precisamos fazer um trabalho quase que educativo mesmo. Temos que demonstrar não só o fato de que, hoje, essa é uma agenda estratégica, mas também mostrar que a sociedade mudou por uma convergência muito grande de fatores. E, se a sociedade mudou, a mentalidade das pessoas não pode ficar estagnada num modelo de negócio de 1990, por exemplo. Precisamos olhar para o futuro, o que demanda de todos nós decisões baseadas em novos valores e novos critérios éticos principalmente. Temos que entender que, muitas vezes, dogmas ou crenças cristalizadas durante muito tempo ("eu sempre fiz assim", "eu sempre determinei, sempre fui a pessoa que decidiu") não funcionam mais numa sociedade onde a geração Z está entrando no mercado de trabalho, onde os investidores estão mudando a sua perspectiva porque precisam cuidar da sustentabilidade do planeta.

Por isso, para a organização ser realmente inclusiva, não basta apenas fazer recrutamento com intencionalidade. Ela precisa olhar também para a cultura organizacional e se questionar: a organização oferece um ambiente não tóxico para todos os talentos e a diversidade que a compõem? Porque a pessoa recém-contratada pode chegar a um ambiente que não é acolhedor e falar: "opa, não estou sendo ouvida, não tenho segurança psicológica para expressar quem eu sou, aqui eu não tenho chance de progredir profissionalmente". Ou seja, essa pessoa acaba indo embora. Perdem as duas partes: a pessoa, que acumulou mais uma frustração em sua carreira profissional, e a empresa, que perdeu alguém de um grupo sub-representado que poderia trazer valor para sua equipe.

Então, para garantir a permanência de pessoas dos mais variados grupos sociais, é essencial fazer a lição de casa: "Qual é a cultura que eu tenho? Ela é inclusiva ou excludente? Ou nem sei que cultura eu tenho?" Para saber, a organização precisa fazer um diagnóstico, medir, pesquisar. Porque a cultura de uma empresa é uma para quem está em um cargo de liderança, outra para quem está em uma posição mediana e uma terceira para os que estão no plano operacional. Cada pessoa tem uma visão específica da cultura organizacional. Portanto, é preciso fazer uma pesquisa robusta e uma análise para ter a percepção clara desse ambiente.

Uma vez feito esse diagnóstico, aí sim a empresa consegue trabalhar no planejamento das estratégias e ações para promover a diversidade e a inclusão. E isso inclui, além da adoção de processos seletivos com intencionalidade, todo um conjunto de estratégias para reter e desenvolver talentos diversos. Alguns exemplos:

Melhorar processos internos. Esse é uma das ações iniciais para se instaurar uma cultura de diversidade. Rever atividades, adotar rotinas de trabalho mais dinâmicas e agradáveis que estimulem a cooperação e o trabalho de equipe pode tornar o dia a dia mais diversificado.

Conscientização da liderança. As lideranças têm um papel fundamental no processo de promoção de uma cultura inclusiva. Podem e devem fazer isso por meio do exemplo, promovendo ações que estimulem um ambiente acolhedor com base no respeito e na valorização das diferenças, promovendo a todos de sua equipe igualdade de oportunidades de desenvolvimento e crescimento. Para desempenhar esse papel, essa liderança precisa fazer um exercício diário de autoconhecimento para eliminar vieses inconscientes que possam comprometer um julgamento isento.

Comunicação mais transparente e inclusiva. É muito importante ajustar a comunicação externa e externa para que de fato ela expresse ideias e valores em prol da diversidade e da inclusão na empresa. Uma comunicação que se aproxime das pessoas, independente das funções que elas desempenhem, capaz de promover o diálogo e a troca de experiências e conhecimentos. E isso inclui as lideranças, que precisam abrir um canal com os colaboradores com base em dar e receber feedbacks mais claros e abertos.

Criação de comitês de diversidade e inclusão com poder de decisão. Esses comitês são muito importantes para manter a chama viva e garantir que esses temas sejam tratados com seriedade. Para isso eles devem ter pessoas da alta liderança na sua composição e podem adotar diversas estratégias, como encontros, programas e monitoramento do andamento das atividades. Atuam também como um importante elo entre setores, líderes e colaboradores.

Letramento sobre DE&I. Também é fundamental educar os colaboradores sobre a relevância e as estratégias da empresa na agenda de diversidade, equidade e inclusão. Por mais que a empresa tenha adotado políticas e medidas fixas relacionadas ao assunto (como normas de conduta, criação de comitês, reformulação de processos seletivos, entre outros), propagar essa mudança de cultura e educar colaboradores é um trabalho que precisa ser feito continuamente. Pode-se usar diversas ações com esse objetivo, como eventos e reuniões, publicações de informações nos portais institucionais que possam estimular o debate sobre esses valores, entre outras iniciativas como um ciclo de educação corporativa com agenda trimestral.

Outro caminho importante é promover iniciativas de letramento mais estruturadas, como capacitações e workshops que possam ampliar a visão das pessoas em relação à diversidade no trabalho, a importância da pluralidade e das relações interpessoais, bem como do processo de aceitar o outro e se aceitar. Uma agenda de treinamentos e workshops com especialistas, que entendem do assunto e têm vivências para compartilhar, é fundamental para enriquecer a jornada educativa da equipe.

E, claro, é preciso entender que esse trabalho de educação corporativa requer persistência e constância. O convencimento não vai acontecer por conta apenas de uma palestra que o colaborador ouviu ou de uma imersão que a liderança fez com o time. Não vai acontecer nessa rapidez. Se nossos vieses foram se cristalizando em nós durante uma vida inteira, precisamos de muito tempo para nos desfazermos deles.

3. Para aumentar a diversidade nos postos de liderança

A permanência de talentos diversos nas organizações demanda uma série de iniciativas. Uma delas são os programas de desenvolvimento humano voltados especificamente para essas parcelas de colaboradores, entendendo que elas têm necessidades específicas.

As ações afirmativas, como chamamos essas iniciativas, são o caminho mais próspero e seguro para o progresso. Adotar um plano de gestão de carreiras garantindo que todos os colaboradores tenham as mesmas oportunidades, independentemente de suas características individuais, para crescer na empresa e desenvolver todo o seu potencial também é essencial. Quando estamos falando de inclusão, isso significa levar em conta as necessidades específicas de mulheres, pessoas negras, LGBTQI+, com deficiência e 50 mais.

CAPÍTULO 5

Negócios: como passar das boas intenções à materialidade

Hoje está claro para as corporações que investir em estratégias ESG é um imperativo mercadológico. Temos dados concretos para convencer lideranças mais reticentes nas organizações com argumentos do tipo: "Olha, esse investimento que você está fazendo aqui em estratégias ESG, na agenda de direitos humanos, vai refletir em lucratividade para a empresa".

Quando começamos a trabalhar essas estratégias tudo era ainda muito intangível, depois foram surgindo pesquisas que trouxeram parâmetros importantes. Algumas das mais relevantes são produzidas pela consultoria McKinsey, que desde 2014 realiza uma série de pesquisas sobre diversidade nas corporações. Uma delas, já mencionada no capítulo anterior, foi divulgada em 2020: "A diversidade vence: como a inclusão é importante"[23], que ouviu mais de 1 mil empresas

---

23 MCKINSEY. A diversidade vence: como a inclusão é importante. Portal McKinsey, mai 2020. Disponível em: https://www.mckinsey.

em quinze países e mostrou que a relação entre uma equipe diversa e a possibilidade de um desempenho financeiro mais robusto vem se fortalecendo com o tempo. Esse levantamento constatou que organizações que contavam com maior diversidade de gênero nas equipes executivas tinham uma lucratividade 25% maior do que as menos diversas. Quando as equipes tinham uma diversidade étnico e cultural maior, esse percentual subia para 36%.

Por esses dados, podemos perceber que no que tange a **pessoas** e **negócios** o primeiro indício de ganhos para a empresa está na competitividade. Ou seja, aquelas empresas que investem na promoção dos direitos humanos e olham para o ESG de forma importante fomentam uma cultura muito mais propícia para melhorar a entrega do colaborador, para aumentar a performance desse colaborador. Além disso, é fácil entender que aquelas empresas que têm maior pluralidade em sua equipe, nos serviços e produtos que oferecem, largam na frente. Afinal, estão se relacionando com um consumidor plural, pois vivemos em um país plural, em um planeta plural.

---

com/featured-insights/diversity-and-inclusion/diversity-wins-how-inclusion-matters. Acesso em: out 2024.

A RIQUEZA DA DIVERSIDADE

E por quê? Porque estamos falando de uma coisa muito simples: o poder do debate estratégico. Quando buscamos qualquer tipo de solução, seja para o mercado B2B, seja para o B2C, o primeiro pensamento é sempre a inovação, e buscar uma solução inovadora passa necessariamente por promover debates estratégicos que levem a uma gama grande de ideias. Portanto, para que esse debate seja produtivo, é preciso que as ideias sejam diferentes. Como vou ter ideias diferentes em um ambiente homogêneo? Impossível! É somente a partir de narrativas de vidas diversas, de *backgrounds* diversos e composição cognitiva diversa que se promovem ideias diferentes, vindas de perspectivas distintas.

No geral as empresas são compostas por pessoas muito parecidas, muito semelhantes em sua composição cognitiva e percepção de mundo, pois a tendência humana é sempre buscar os seus iguais. Nas empresas, isso toma escala quando pessoas contratam e promovem indivíduos iguais a si. Porém, se a homogeneidade é aconchegante para nós, seres humanos, para os negócios pode ser desastrosa, porque não favorece um ambiente criativo. Ainda mais no século 21, em que algumas das habilidades mais necessárias e valorizadas são a criatividade e a resolução de problemas.

E é até óbvio: mentes de diferentes narrativas reunidas têm maiores chances de encontrar soluções mais abrangentes. Por quê? Vamos pensar juntos. Se tenho uma homogeneidade, com pessoas na equipe que cursaram a mesma universidade, adotam o mesmo estilo de vida, a mesma visão de mundo, o que vai acontecer? Elas vão ficar concordando umas com as outras. Indivíduos que frequentaram os mesmos lugares, leram os mesmos livros, acham incrível a mesma disrupção têm um olhar quase que treinado para gostar das mesmas coisas. Olhando para o meu círculo íntimo: se não prestar atenção, se não buscar um olhar diversificado, acabo me cercando de pessoas muito parecidas comigo. Você também é assim.

É natural. Porque somos conduzidos por uma coisa que se chama viés de afinidade, que é o que vai me levar naturalmente a ficar perto das pessoas que têm afinidades comigo, porque é mais confortável. Eu não quero que alguém me tire da minha zona de conforto ao me fazer perguntas que eu não sei responder. Não quero que me tirem do sossego que demorei tanto para conquistar e digam que deveria olhar a vida de outra forma. Eu quero lugares que me deixem confortáveis. Porque nós, como seres humanos, precisamos buscar a certeza, que nem existe. Então, onde é que eu encontro certezas? Naquilo que já é conhecido por mim.

Quando falamos de diversidade, significa mover essa estrutura e trazer pessoas que não se parecem comigo para esse debate. Só que, antes, eu preciso vencer a barreira do medo do desconhecido ou do medo daquilo que não se parece comigo. Fazer esse movimento vai ser muito proveitoso no final, como mostram os dados da McKinsey. Eles comprovam que as empresas mais diversas têm menor chance de errar, conseguem implementar mais estratégias, entregam soluções melhores. Isso porque, ao juntar pessoas que discordam entre si, o debate estratégico é enriquecido e chega-se a um resultado mais criativo, disruptivo e inovador.

E aqui é preciso desmistificar o que muitas pessoas entendem por inovação. Inovar é muito simples e pode ser resumido numa frase: "Olhar para o que todo mundo vê e pensar o que ninguém nunca pensou". Como isso pode acontecer em um ambiente com as mesmas pessoas, nos mesmos lugares, fazendo as mesmas coisas? Difícil. Então, como disse, o caminho é colocar pessoas diferentes juntas, estimulando o debate estratégico. Aí você rebate: "Mas, Ana, se eu colocar muita gente diferente junta, vai dar briga, não vai?" E eu respondo: "O conflito é um lugar onde nascem as melhores ideias!" E esse conflito não precisa ser agressivo. Precisamos parar de confundir violência com conflito, com debate estratégico. Esse conflito, essa coisa das ideias pululantes e contraditórias, é o que gera a inovação.

Fácil ver como isso se dá na prática. Por exemplo, numa mesa tenho cinco pessoas que pensam igual, eu chego e falo: "Olha, essa ideia é brilhante, eu quero colocá-la para rodar". Como todos são afins, todos têm a mesma visão, concordam que se trata de uma ideia brilhante e seguem em frente. Só que esse produto ou serviço, que eles achavam genial, é colocado para um público heterogêneo, totalmente diferente deles, que vai falar: "Não quero isso, não serve para mim!" Ora, essa empresa não vai vender para os seus pares, e sim para uma pluralidade que não estava representada no debate estratégico.

Como eu posso trazer essa pluralidade para dentro da minha empresa? Contratando pessoas diversas e colocando-as em posição de decisão para me ajudarem a promover um debate realmente estratégico. Oferecendo a elas espaço e segurança suficientes para, diante da minha ideia genial, dizer: "Sabe, talvez essa ideia não seja tão boa assim..." "Por que não?" "Porque, analisando por esse lado..." As colocações de alguém que tem uma visão diferente da minha trarão outras perspectivas, vão me tirar totalmente de minha zona de conforto. Terei de rever tudo aquilo que achava brilhante, genial. Mas, certamente, esse processo levará a um resultado muito mais aderente à pluralidade de pessoas com quem eu preciso conviver e que pretendo atingir.

Não podemos nos dar ao luxo de fingir que não existe uma heterogeneidade no mundo. Precisamos pensar mais na pluralidade humana como geração de inovação. Pensar que mentes diferentes juntas conseguem promover melhores debates. E, hoje, as empresas precisam enxergar as pessoas como seu maior ativo.

PARA IR ALÉM DAS BOAS INTENÇÕES

Muitas empresas já entendem que a agenda ESG e de DE&I é um diferencial importante para o negócio e para a sociedade onde estão inseridas. E querem implementar essa agenda, mas ainda se deparam com dúvidas sobre como materializar tudo isso no dia a dia do negócio. Posso afirmar que, entre meus clientes e *prospects*, os relatos sobre a dificuldade em demonstrar suas ações de impacto social estão entre os mais frequentes. Diante dessas inquietações, costumo responder que ações de impacto são aquelas que realmente levam a organização a atingir – ou ao menos se aproximar – de suas metas e compromissos públicos. E isso implica ir muito além de simples ações de sensibilização ou aquelas de *one shot* que não conseguem sequer fazer uma fissura em culturas organizacionais enraizadas.

Bom, e por onde começar? O primeiro passo é fazer um diagnóstico completo da organização para que ela possa olhar o que tem dentro de casa, como faz a gestão de tudo isso e como poderá avançar de forma estratégica. Em seguida, orientar suas ações ancorada nos direitos humanos empresariais para conseguir conectar tudo aquilo que foi fragmentado. Porque quando a gente fala de ESG, por exemplo, existe um debate público muito grande sobre qual é a importância de cada uma das letras dessa sigla. E isso gera algumas incertezas sobre por onde começar. Ouço muito isso: "O que faço primeiro? Começo com a governança? Depois trabalho o social? E em seguida o meio ambiente?" Veja, quando a gente fala em estratégias orientadas por direitos humanos, estamos falando da promoção de toda essa agenda, das três letrinhas juntas, olhando para a sociedade como um todo, incluindo o planeta nisso. É uma abordagem transversal.

Temos alguns parâmetros importantes que podem ajudar. Entre eles estão os parâmetros de desenvolvimento sustentável da Organização das Nações Unidas (ONU), a chamada Agenda 2030 e o Pacto Global para tornar realidade os Objetivos de Desenvolvimento Sustentável (ODS) listados nesta agenda, e diversas outras iniciativas nesse sentido, como já mencionei no primeiro capítulo.

Os critérios ESG têm tudo a ver com os ODS, que sinalizam alguns dos grandes desafios e vulnerabilidades da sociedade que devem ser prioridade do mundo nos próximos anos. Só para exemplificar, veja alguns dos 17 ODS da Agenda 2030 que estão diretamente ligados a questões estratégicas que as abordagens ESG se propõem a solucionar:

- Erradicação da pobreza.
- Igualdade de gênero.
- Trabalho decente e crescimento econômico.
- Redução das desigualdades

Pesquisas mostram que esses parâmetros já orientam muitas empresas brasileiras. Um desses levantamentos é feito pela consultoria PwC Brasil e o Instituto de Auditoria Independente do Brasil (Ibracon)[24]. O de 2023 aponta que as organizações brasileiras listadas na B3 se mostram mais comprometidas com o ESG. Entre as 88 pesquisadas, 96% estão envolvidas no Pacto Global da ONU – Rede Brasil para os Objetivos de Desenvolvimento Sustentável (ODS), percentual que era de 90% no ano anterior. São dados que mostram a importância do ESG nas corporações brasileiras. Além disso, analisando os índices de materialidade em seus relatórios de impacto, o estudo elencou quais são os ODS prioritários para as organizações:

---

24 PWC. Divulgação de ESG no Ibovespa - 2023. Disponível em: https://www.pwc.com.br/pt/estudos/servicos/auditoria/2023/divulgacao-de-ESG-no-Ibovespa-2023.html. Acesso em: out 2024.

- Cerca de 80% priorizam os ODS relacionados à promoção de empregos dignos.
- Entre 60% e 80% dão prioridade à igualdade de gênero e à redução das desigualdades.
- Entre 40% e 60% priorizam paz e justiça, além da saúde e da educação de qualidade.

Outro parâmetro norteador é a "Taxonomia Sustentável Brasileira - Plano de Ação"[25], lançado em 2023 pelo Ministério da Fazenda. Para quem não está familiarizado com o termo, a taxonomia verde é a classificação de negócios e iniciativas levando em consideração o seu impacto ESG.

Assim, fica mais fácil distribuir recursos financeiros para aqueles empreendimentos que contribuem com impactos positivos para a sociedade. A principal referência da brasileira é a taxonomia criada pela União Europeia; entretanto, a nossa tem uma diferença: incorpora compromissos sociais. Dos 11 objetivos apresentados pela taxonomia brasileira, sete são ambientais e quatro, sociais. Esses últimos visam:

25 MINISTÉRIO DA FAZENDA. Taxonomia Sustentável Brasileira - Plano de Ação. Disponível em: https://www.gov.br/fazenda/pt-br/orgaos/spe/taxonomia-sustentavel-brasileira/arquivos-taxonomia/taxono mia-sustentavel-brasileira-dezembro-v2.pdf. Acesso em: out 2024.

- A redução de desigualdade socioeconômicas, considerando aspectos raciais e de gênero.
- A redução de desigualdades regionais e territoriais do país.
- A geração de trabalho decente e elevação de renda.
- A promoção da qualidade de vida, com garantia de direitos e ampliação do acesso a serviços sociais básicos.

Veja que pelo menos três desses objetivos estão diretamente relacionados às práticas organizacionais e de DE&I. Portanto, podem e devem orientar as corporações na hora de elaborar suas estratégias de ESG e definir indicadores que garantam a materialidade de suas ações. E apontam caminhos que impactam diretamente na cadeia de valor dos negócios, como é o caso da redução das desigualdades socioeconômicas, considerando os aspectos raciais e de gênero.

A urgência de medidas que mitiguem os efeitos do racismo estrutural e eliminem formas objetivas de discriminação atravessa todas as ODS. Além disso, é condição fundante para o sucesso de toda e qualquer estratégia voltada para cada uma delas. Isso porque a metodologia interseccional nos mostra que é impossível atingir um grupo sem entender as especificidades de sua natureza heterogênea. Ações afirmativas para a promoção de um mercado de trabalho mais justo passam necessariamente pela promoção de uma sociedade antirracista, e é precisamente nessa esfera que os desafios são encontrados. As mudanças comportamentais e de mentalidade precisam que as pessoas se dediquem a resolver um problema que as compõem como sujeitos (e aqui voltamos ao fato de que empresas são CNPJs formados por muitos CPFs).

Na questão de equidade de gênero, trago os *insights* de um estudo feito pela International Finance Corporation – Banco Mundial, em 2018[26]. A pesquisa aponta que as empresas que possuem conselhos de administração e diretorias com maior diversidade de gênero (ou seja, adotam ações de DE&I para isso) também apresentam melhores práticas ESG. E não estamos falando apenas de práticas sociais, mas da transversalidade englobando as três letras da sigla. De acordo com essa pesquisa, essas organizações apresentam:

- Melhores indicadores ambientais, como menor emissão de poluentes.
- Melhores indicadores sociais, como maior respeito aos direitos humanos.
- Melhores indicadores de governança, como a maior qualidade dos controles internos e menores índices de fraudes corporativas.

26 INTERNATIONAL FINANCE CORPORATION. Relatório Anual 2018: Redefinindo o Financiamento do Desenvolvimento. Disponível em: https://www-ifc-org.translate.goog/en/insights-reports/2018/ifc-ar-2018?_x_tr_sl=en&_x_tr_tl=pt&_x_t r_hl=pt-BR&_x_tr_pto=sc. Acesso em: out 2024.

FOCO NA MATERIALIDADE

Citei alguns exemplos, mas existem outros parâmetros que ajudam as organizações a construir as bases de materialidade para as estratégias ESG. Com sempre faço questão de repetir, dar materialidade às ações manifestadas como boa vontade ativa, o bom e velho *"walk the talk"*, é o que conduzirá a empresa rumo a resultados concretos, demonstrando que ela está comprometida com a ética em fazer do profit and purpose uma realidade.

Nesse sentido, a construção de uma matriz de materialidade é fundamental para que as boas intenções possam sair do papel *(veja mais no quadro Estratégias e Dicas a seguir)*. Com isso, CFOs e comitês executivos terão nas mãos a oportunidade de encabeçar a transformação do ambiente de negócios rumo a um futuro de maior transparência e interconectividade. É na união das agendas financeira, estratégica e de impacto que podemos promover e mover a sociedade para o futuro. A perenidade, sustentabilidade e inovação estarão garantidas para aqueles que ousarem ir além do óbvio, buscando por meio das ferramentas já existentes a disrupção que os stakeholders exigem.

ESTRATÉGIAS E DICAS

1. O que levar em conta ao fazer um planejamento estratégico de governança e metas de direitos humanos e ESG

O ponto de partida é a construção da matriz de materialidade. Essa é a pedra fundamental para que as corporações demonstrem seu comprometimento com práticas sustentáveis e ética a investidores, consumidores e *stakeholders* cada vez mais exigentes quando se trata desse tema.

Além disso, essa matriz ajuda a empresa a identificar, priorizar e gerenciar os temas mais relevantes no escopo ESG. Isso porque as práticas de ESG não podem ser genéricas. Afinal, cada setor e cada empresa enfrentam desafios específicos. Ou seja, temas que são críticos para uma organização podem não ser para outra. Portanto, com a elaboração de uma matriz de materialidade personalizada, a corporação pode enfocar as questões que realmente importam para ela, evitando dispersar recursos e esforços em temas de menor relevância. Assim, a matriz é uma importante ferramenta para auxiliar a gestão e governança das estratégias ESG na corporação.

Também ajuda bastante no momento de reportar os resultados. Como há uma crescente regulação das práticas de ESG, as empresas são obrigadas a publicar relatórios de sustentabilidade cada vez mais detalhados. Ter uma matriz de materialidade bem construída auxilia a reportar as estratégias adotadas e os impactos obtidos, atendendo as expectativas de transparência e responsabilidade esperadas tanto pelos investidores quanto pelas instâncias reguladoras. As empresas que utilizam a matriz de materialidade em seus relatórios de sustentabilidade conseguem demonstrar de forma clara e objetiva quais são suas prioridades em ESG e, com isso, reforçam a imagem de transparência e credibilidade.

Outro benefício é que, ao identificar os temas ESG que merecem maior atenção, a matriz de materialidade ajuda a organização a antecipar e mitigar riscos, tanto em termos de regulamentação e operacionalização quanto os de reputação.

Entretanto, vale ficar alerta para alguns desafios. É preciso ter em mente que essa matriz não dever ser estática, uma vez que os temas de ESG são dinâmicos. Por isso é necessário revisá-la e ajustá-la periodicamente, à medida que o cenário social mude e as demandas dos *stakeholders* evoluam. Somente assim a empresa garante que suas ações de impacto continuem refletindo as prioridades corretas e sigam alinhadas com as expectativas internas e externas.

Outra questão que merece atenção especial está no gerenciamento da coleta de dados. Por envolver diferentes *stakeholders*, a reunião de informações pode ser um processo complexo e demorado. Mas precisa ser realizado com todo cuidado para garantir reportes fidedignos e robustos. E, por fim, vale ressaltar que outro desafio importante a ser considerado envolve a cultura organizacional da empresa. A incorporação dos resultados da matriz nas práticas empresariais pode enfrentar resistência interna, principalmente se não houver uma cultura corporativa alinhada aos princípios de ESG.

Veja a seguir um resumo das principais etapas que devem ser observadas na construção de uma matriz de materialidade:

Identificação de temas relevantes	Pode incluir desde questões ambientais, como mudanças climáticas e uso de recursos naturais, até questões sociais, como direitos humanos, diversidade e relações trabalhistas. O importante é identificar claramente quais deles são os mais relevantes para o seu setor.
Consulta aos *stakeholders*	Isso pode ser feito por meio de pesquisas, entrevistas ou consultas formais com grupos-chave. O importante é engajar os *stakeholders* no processo de construção da matriz de materialidade, entendendo suas prioridades e preocupações. Assim, a empresa demonstra que está comprometida com suas expectativas, o que contribui para alimentar um bom relacionamento e a confiança.

Análise interna e externa	Os resultados colhidos com a consulta aos *stakeholders* devem ser cruzados com a avaliação interna sobre o impacto de cada tema no negócio. Para isso, é importante considerar o impacto financeiro, reputacional e operacional de cada tema identificado.
Priorização	Com base no que foi consolidado nas duas etapas anteriores, a empresa deve classificar os temas por ordem de prioridade, considerando tanto a relevância para os *stakeholders* quanto o impacto no negócio.
Construção da matriz	Os temas podem ser organizados em um gráfico de dois eixos. No eixo vertical, devem ser posicionados os temas de maior impacto para os *stakeholders*; no horizontal, os de maior impacto para o sucesso da empresa. Para inseri-los, deve-se considerar a relevância e a importância para o negócio e para os públicos afetados, detectadas na etapa anterior. Exemplo: se uma ação de impacto social, como por exemplo educação de jovens em comunidades em vulnerabilidade, é altamente valorizada tanto pelos *stakeholders* quanto pela empresa, ela deve ser posicionada no quadrante superior direito da matriz (alta relevância para a empresa e para os *stakeholders*).

2. Dicas para reportar as ações de ESG com foco em materialidade e impacto social e direitos humanos

Para começo de conversa, é preciso identificar os *stakeholders* mais relevantes, os mais impactados pelas ações da organização, e aos quais esse reporte deve ser endereçado. Exemplos: colaboradores, comunidades locais, fornecedores, clientes, governos e ONGs. O passo seguinte é entender quais as questões mais relevantes para os grupos elencados e que compõem a matriz de materialidade que será a base para a composição do relatório.

Fundamental também entender que as ações de ESG a serem reportadas devem estar completamente conectadas com a estratégia do negócio. Sem isso, os relatórios sempre estarão vulneráveis diante dos olhos de investidores atualizados e *stakeholders* bem instrumentalizados.

Dito isso, veja a seguir outros tópicos que precisam ser observados para a construção de relatórios de impacto realmente objetivos, transparentes e que atendam todas as expectativas dos públicos envolvidos:

O conteúdo deve abordar as principais ações e iniciativas sociais desenvolvidas pela empresa. Isso pode incluir programas de diversidade e inclusão, iniciativas de educação, saúde, combate à pobreza, desenvolvimento comunitário, entre outros.

Concentre-se nas partes interessadas de maior impacto, levando em consideração tanto a influência que elas têm no seu negócio quanto a que seu negócio tem sobre elas. Priorizar temas materiais com base na importância estratégica para o negócio e seus *stakeholders* e no impacto ESG é o caminho mais seguro para um relatório tangível e transparente.

Para definir esses tópicos materiais, analise diferentes fontes, como reportagens da mídia, dados internos, revisão externa por pares, tendências gerais de ESG etc. Os tópicos materiais podem incluir todas as áreas ambientais, sociais e de governança. Também é aconselhável envolver unidades de negócio externas à equipe de sustentabilidade, como a gestão de riscos ou a gestão de topo. Isso fornece uma perspectiva mais ampla e uma compreensão mais profunda das tendências que afetam os negócios.

Todas as ações reportadas precisam ser mensuráveis. Utilize indicadores claros, como número de beneficiários, impacto financeiro, ou outras métricas que permitam verificar a efetividade das iniciativas.

Esses dados devem ser comunicados de maneira transparente, preferencialmente com base em *frameworks* reconhecidos como GRI (Global Reporting Initiative) ou SASB (Sustainability Accounting Standards Board).

CAPÍTULO 6

Riscos: prevenção de impactos negativos na reputação da empresa

A Pesquisa Global de Insights do Consumidor da PwC, de 2022, mostrou que as ações ambientais, sociais e de governança das empresas influenciam quatro em cada dez dos entrevistados[27]. Em outro levantamento, em 2023, a mesma pesquisa apontou que 80% dos consumidores aceitam pagar mais caro por produtos feitos por empresas com reputação de práticas éticas, como o apoio aos direitos humanos[28]. Do outro lado, as organizações estão cada vez mais ligadas nis-

---

27 PWC. A nova cara do consumidor brasileiro - Global Consumer Insights Pulse Survey. Disponível em: https://www.pwc.com.br/pt/estudos/setores-atividade/produtos-consumo-varejo/2022/consumer-insights-p ulse-survey.html. Acesso em: out 2024.

28 PWC. O poder da escolha - Global Consumer Insights Pulse Survey. Disponível em: https://www.pwc.com.br/pt/estudos/setores-atividade/produtos-consumo-varejo/2023/global-consume r-insights-pulse-survey-setembro-2023.html#:~:text=Nossa%20pesquisa%20Global%20Consumer%20Insi ghts,ferramentas%2C%20informa%C3%A7%C3%B5es%2C%20tecnologia%20e%20apoio. Acesso em: out 2024.

so. Tanto que outra pesquisa, feita pela Data Makers, em 2023, revelou que o principal motivo apresentado pelas lideranças empresariais entrevistadas para a adoção de práticas de ESG na empresa era a imagem da marca (85%) – na sequência, completando o top 5, vinham reputação corporativa (65%), melhor gestão dos negócios (59%), prevenção de risco/pressão de *stakeholders* (39%) e retenção de talentos (35%)[29].

São dados que mostram como as questões socioambientais e de governança impactam cada vez mais a reputação das empresas – e isso tanto para o bem quanto para o mal. Depende muito de como esse assunto é tratado nas corporações.

Vejamos, por exemplo, o caso de uma organização que tenha causado impactos socioambientais danosos a uma comunidade ou à população como um todo e teve, inclusive, que assinar um Termo de Ajustamento de Conduta (acordo extrajudicial usado para resolver conflitos, reparar danos e evitar ações judiciais). Mesmo se propondo a remediar a situação, ela não se livra de riscos reputacionais gigantescos, como a perda da confiança dos consumidores, dos colaboradores e dos investidores. Tudo isso pode trazer impactos negativos no resultado financeiro e na cadeia de valor dessa organização.

---

29 DATA-MAKERS. Líderes de negócio e ESG, jul 2023. Disponível em: https://www.data-makers.com/wp-content/uploads/2024/01/Lideres_de_Negocios_e_ESGDATA-MAKERS.pdf. Acesso em: out 2024.

Outro exemplo bastante atual é a questão do trabalho análogo a escravidão. De acordo com o "Relatório Nacional sobre Tráfico de Pessoas: Dados 2021 a 2023", divulgado em 2024 pelo Ministério da Justiça e Segurança Pública (MJSP), em três anos o país resgatou 8,4 mil pessoas trabalhando em situação análoga a escravidão, a maioria negras (80%) e muitos migrantes[30]. Entre os setores em que atuavam, destacavam-se o cultivo de mandioca, em São Paulo; madeireiras em Santa Catarina e confecções de artigos de vestuário também em São Paulo. Ou seja, grandes empresas e marcas renomadas, por falhas na governança, podem contar com fornecedores envolvidos com essas práticas e ser implicadas no problema.

Cito só dois exemplos, mas os riscos não são poucos, uma vez que a agenda ESG e os eventos sociais de impacto seguem ganhando novos contornos, o que vai tornando tudo cada vez mais complexo. Sem contar as regulamentações e todo o arcabouço legal que vai se aperfeiçoando e se atualizando. Junte-se a isso o fato de que o mercado e as pessoas estão com um olhar cada vez mais aguçado sobre as organizações que se propõem a alinhar os pilares de ESG com ações que sejam perenes e tragam impacto positivo no am-

---

30 MINISTÉRIO DA JUSTIÇA E SEGURANÇA PÚBLICA. Relatório Nacional divulga dados sobre tráfico de pessoas de 2021 a 2023. Disponível em: https://www.gov.br/mj/pt-br/assuntos/noticias/relatorio-nacional-divulga-dados-sobre-trafico-de-pessoas- de-2021-a-2023. Acesso em: out 2024.

biente onde se inserem. Portanto, tratar a agenda ESG com profundidade e comunicar os esforções da organização nessa área com exatidão, materialidade e transparência é um imperativo para o gerenciamento de riscos.

OS "*WASHINGS*" NA MIRA

Um dos riscos mais comuns é a empresa ser acusada de praticar os chamados "*washings*", algo equivalente a "lavagem", em português, termo associados a práticas enganosas que, infelizmente, não são raras. As principais:

Greenwashing. Em geral, o termo é associado a práticas de marketing que, na esteira da crescente preocupação do consumidor com o meio ambiente, procuram dar à empresa e a seus produtos uma imagem *ecofriendly*, sem o lastro de ações relevantes de sustentabilidade.

Socialwashing. É o ato de apresentar uma fachada de responsabilidade social e impacto positivo, porém sem ações e resultados tangíveis. A ênfase aqui está na incapacidade de fundamentar e evidenciar as suas afirmações.

Diversitywashing. Se refere a empresas que se dizem diversas e inclusivas, mas, de fato, não incorporam esses valores em sua cultura organizacional, nem desenvolvem ações consistentes nesse sentido.

Bluewashing. Aplica-se aos casos em que a empresa se declara "azul" (cor associada à bandeira da ONU), ou seja, socialmente responsável, mas, na verdade, não respeita os direitos sociais em suas práticas corporativas.

Pinkwashing. O termo é usado para nomear estratégias de marketing que adotam um discurso em prol da população LGBTQIA+ para desviar a atenção de violações de direitos desse segmento.

Healthwashing. Prática que ressalta informações pouco importantes de produtos para que eles pareçam saudáveis aos olhos do consumidor. Em geral, essa estratégia desvia a atenção de outras informações que são essenciais para que o consumidor faça uma avaliação mais precisa sobre os reais impactos do produto em sua saúde.

Desses termos todos, o mais antigo é *greenwashing*. Embora a sustentabilidade conectada ao meio ambiente seja assunto antigo na agenda, muito do que foi e é feito quanto à mitigação dos efeitos negativos da atividade empresarial se resume a ações de marketing ou ao rótulo de produtos que se dizem *ecofriendly*.

No caso dos outros *washings* não é diferente. Mas o *socialwashing* nem sempre é tão intencionalmente evidente ou proposital, como o ato de ocultar manifestamente operações em fábricas que exploram mão de obra infantil ou trabalho análogo a escravidão. Qualquer empresa pode enfrentar os riscos associados à lavagem social com ações aparentemente inofensivas. Exemplos: manifestar publicamente afirmações que carecem de rigor e autenticidade ou se associar a movimentos que acenem para a agenda sem materialidade de investimentos em ações concretas. Dar declarações sem tomar medidas concretas pode mascarar a má gestão dos riscos sociais, dificultando a avaliação das empresas quanto à real dimensão desses riscos e induzindo ao erro os investidores que dão prioridade a práticas socioambientais e de governança.

Hoje em dia, esse é um risco que as empresas não podem correr. Afinal, estamos na era da transparência. Com o acesso das pessoas a Facebook, LinkedIn, Instagram, TikTok estamos falando de um tempo em que nas redes sociais as opiniões – boas ou más – são amplificadas pela Internet e as empresas que fazem afirmações superficiais ou infundadas acabam sendo expostas numa arena pública. Então, não dá mais para a organização fingir que é diversa e inclusiva, quando na verdade é excludente.

Além disso, precisamos entender que os investidores e os consumidores estão mais criteriosos em relação ao desempenho social das empresas. Procuram ativamente corporações transparentes e socialmente responsáveis para alinhar os seus investimentos e decisões de compra com os seus valores. E o esperado é que essa tendência cresça à medida que a geração mais jovem, que dá prioridade à sustentabilidade, torne-se o grupo de consumidores dominante.

Nesse cenário, empresas que se envolvem em *socialwashing*, por exemplo, não só se arriscam a passar por esse escrutínio regulamentar, mas também podem enfrentar a perda de clientes e investidores que valorizam a autenticidade e a integridade. Como resultado, podem sofrer perdas financeiras, danos à sua reputação e até consequências legais. Também podem perder valor como marca empregadora ou atrativa para quem busca coerência com seu propósito de impacto, gerando dificuldade em atrair e reter funcionários. Ou ainda criar dificuldades em sua cultura organizacional.

Vamos pensar no exemplo de uma empresa que alimenta uma cultura organizacional de medo, comando e controle ou não investe em práticas adequadas de diversidade e inclusão. Para desviar a atenção dessas relações laborais nada alinhadas com as práticas ESG, adota ações de marketing exageradas sem qualquer embasamento em ações concretas. Com esse tipo de prática, ela é uma forte candidata a elevar os custos operacionais, diminuir a produtividade, aumentar o *turnover*, perder talentos e incrementar o volume de ações da esfera trabalhista com danos morais.

NÃO DÁ MAIS PARA SE ESCONDER

Shareholders e *stakeholders* podem facilmente saber quando uma empresa ou organização está fazendo lavagem social ou outro tipo de *washing*. Afirmações enganosas escondem o que está acontecendo nos bastidores. Basta identificar afirmações que não são apoiadas por nenhuma evidência, como a de propalar que um produto ou serviço é socialmente responsável sem qualquer informação material de apoio. Afirmar que uma empresa é socialmente responsável ou que tem uma cultura ética e íntegra sem qualquer evidência ou auditoria de terceiros é, certamente, uma afirmação enganosa. Empresas com investimentos reais e tangíveis integram questões sociais na sua matriz de materialidade, reconhecendo ao mesmo tempo a importância que esses fatores têm na sua reputação, na formação do seu panorama empresarial e na solidez da sua governança.

Isso é o que as pessoas querem ver: "Ok, vamos fazer nossa compra, vamos investir o nosso dinheiro e tudo mais, mas precisamos que a empresa, de fato, também invista no *walk the talk* dela" (*Veja o quadro estratégias e dicas à pág. xx*). Ou seja, se diz que é diversa e inclusiva, seja diversa e inclusiva! É o que sempre falo, ninguém mais consome por reflexo, consumimos por reflexão. O dinheiro é escasso, estamos passando por momentos absolutamente desafiadores, então só vamos comprar daquela marca que se alinha aos nossos valores. E, do outro lado, temos *shareholders* que estão colocando dinheiro em empresas valorizadas no mercado porque são diversas e inclusivas e porque estão se posicionando ao lado das pessoas.

Em outra frente, são criados parâmetros legais cada vez mais apurados para evitar ações enganosas no terreno do ESG. Órgãos reguladores mundo afora estão cada vez mais empenhados em reprimir alegações falsas ou exageradas de responsabilidade social corporativa ou de sustentabilidade.

Isso teve início com as questões ambientais. Quando os *players* do mercado começaram a perceber os gaps que facilitavam o *greenwashing*, as regulamentações foram surgindo. Pioneiro em quase tudo no que diz respeito ao tema, o Parlamento Europeu, a assembleia legislativa da União Europeia, acendeu uma luz verde com a criação de uma legislação que é uma resposta direta à crescente preocupação com as práticas de marketing enganosas em vários setores. A principal finalidade da iniciativa é proteger os consumidores de serem influenciados por alegações ambientais vagas.

Durante anos, termos como "biodegradável", "*eco-friendly*", entre outros, foram utilizados liberalmente, sem qualquer fundamento na realidade. A diretiva do Parlamento Europeu visa pôr um fim a essas práticas, exigindo que tais alegações sejam verificáveis. Sem dúvida, é um passo significativo em direção a um marketing mais ético e à garantia de que quando um produto diz que é "verde", realmente tem que ser.

A iniciativa europeia é um marco. Com a adoção da Diretiva de Due Diligence em Sustentabilidade Corporativa (CS3D), a União Europeia estipula obrigações para as empresas europeias em relação aos direitos humanos e ao meio ambiente. Essa normativa estabelece as responsabilidades das empresas na mitigação de riscos, como o trabalho infantil, o trabalho análogo a escravidão, a exploração laboral, a poluição, o desmatamento, o consumo excessivo de água e consumo ou danos aos ecossistemas.

A exemplo da legislação europeia, os Estados Unidos também criaram importantes dispositivos legais. Lá, a Comissão Federal de Comércio tem diretrizes rigorosas para a verdade na publicidade e pode penalizar empresas que façam afirmações infundadas ou enganosas sobre seus produtos ou serviços. O Brasil segue no mesmo caminho de aperfeiçoamento das leis a respeito. Lideranças de todo o mundo estão alertas para o tema. Incluindo aí as do universo corporativo, principalmente as lideranças de organizações de atuação global. O *C-level* (conjunto de altos executivos de uma empresa) dos mais variados setores corporativos passou a considerar uma mudança radical nas suas decisões de negócios, reavaliando estratégias de marketing e concentrando-se na sustentabilidade genuína, tudo isso com o objetivo de liderar o caminho de um marketing ético como regra e não como exceção.

O SILÊNCIO TAMBÉM É UM RISCO A SE CONSIDERAR

Outra prática igualmente danosa para a reputação das empresas tem despontado no horizonte. É o chamado *socialhushing*, que, como o *socialwashing*, derivou de um termo aplicado no campo ambiental, o *greenhushing*. O termo se refere ao comportamento empresarial que oculta ou mantêm silêncio sobre metas e iniciativas voltadas ao social. Mais expressivo na Europa, por conta dos avanços nos dispositivos de regulação da agenda ESG de Direitos Humanos e Empresas, esse conceito ganhou relevância nos últimos anos, especialmente no debate acadêmico e corporativo.

E o que seria esse "silenciamento social"? Ele pode ser entendido como a prática de omitir, evitar ou minimizar a discussão sobre problemas críticos, riscos e falhas dentro de um ambiente social ou organizacional. Muitas vezes, é usado como mecanismo de autoproteção ou preservação de confiança, e desencadeado por diversas razões, como a inexistência de metas e indicadores, medo da pressão por metas mais ambiciosas ou da concorrência, entre outros fatores. Fato é que pode comprometer a gestão de riscos.

E como isso se manifesta no dia a dia? Quando, por exemplo, por medo de retaliação ou de prejudicar a imagem da empresa, os funcionários evitam relatar problemas. Ou quando resolvem não trazer para a discussão em uma reunião assuntos polêmicos ou desconfortáveis, por acreditarem que podem gerar um conflito; preferem preservar uma aparência de harmonia. São situações aparentemente simples, mas que têm potencial para comprometer a qualidade da governança e da transparência da empresa, além de dificultar a resolução dos problemas.

Com esse tipo de prática, a empresa só tem a perder. Do ponto de vista organizacional, silenciar essas questões, criando um ambiente em que as informações não são compartilhadas de forma eficaz, pode fazer com que a empresa não identifique possíveis ameaças. É o caso, por exemplo, de organizações que minimizam problemas relacionados à segurança de seus produtos. Esse tipo de comportamento pode levar a crises futuras, como recalls massivos ou danos irreparáveis à imagem da marca. Também pode prejudicar tomadas de decisão mais acertadas para o negócio. Com informações incompletas, os decisores podem fazer escolhas mal embasadas, aumentando o potencial de falhas, crises ou prejuízos financeiros. E há reflexos negativos também entre os colaboradores. Em um ambiente onde o silêncio social predomina, os funcionários acabam não relatando riscos e problemas por medo de sofrer retaliação por parte da liderança.

TRANSPARÊNCIA ACIMA DE TUDO

Mais do que nunca é essencial que as corporações entendam a importância da comunicação de seus esforços ESG com transparência e materialidade para evitar riscos. Os relatórios gerenciais de RI e os relatórios de sustentabilidade exigem que se faça essa demonstração.

Na minha prática, verifico que essa ainda é uma dificuldade nas organizações, muitas não sabem como fazer isso. Mas é importante entender que aquilo que você diz que faz precisa estar materializado nesses relatórios. Como? O principal ponto é a empresa entender direitinho o percurso que faz para chegar no resultado x – seja de maior impacto no meio ambiente, de maior impacto social – e consiga transformar isso em números, traduzir em indicadores.

Outro ponto de atenção é a forma como você reporta isso para a sociedade em diversas situação, num debate público ou de uma forma pontual, numa data específica, tudo isso ajuda a mostrar o que a sua empresa faz. O mais importante, entretanto, é fazer tudo isso com transparência, numa visão integrada e capitaneada pela governança e o comprometimento ético.

ESTRATÉGIAS E DICAS

1. Elabore sua agenda de riscos com base em um bom diagnóstico ESG

O que é uma agenda de riscos? É um mapa das vulnerabilidades, um diagnóstico de questões que potencialmente podem comprometer a reputação da empresa, como as ligadas a marcos regulatórios e jurídicos.

A maior fragilidade que as organizações enfrentam hoje está no desconhecimento sobre a dimensão dessa agenda de riscos. As lideranças precisam tomar decisões novas. Antes, o *C-level* estava mais focado em olhar a lucratividade e a inovação como metas fundamentais. De repente, precisa começar a olhar também para o impacto social da mesma forma estratégica que contemplava o financeiro. Então, surgem as incertezas e dúvidas.

É nesse ponto que o mapa de riscos ajuda, desde que embasado em um bom diagnóstico das questões ESG mais pertinentes dentro daquela empresa específica. Uma radiografia que mostre onde estão os gargalos, onde pode haver gaps, onde a empresa pode se mostrar vulnerável. Também é preciso olhar para o mercado, para os concorrentes, para entender sua situação em relação a essa agenda.

Com essa radiografia, os decisores podem se sentar e falar: "Olha, precisamos seguir esse caminho porque temos essa situação atual". Dessa foram, essas escolhas serão orientadas muito mais pela realidade do que pela subjetividade.

E esse mapa de riscos tem que ser construído de forma personalizado porque as empresas estão em diferentes graus de maturidade para o tema ESG. Temos multinacionais, empresas nacionais, de diversos portes, cada uma tem uma personalidade específica.

2. Como evitar riscos na hora de dar publicidade às ações de ESG?

Esse é um ponto crucial. O principal instrumento para comunicar como a empresa atua nas questões socioambiental e de governança são os relatórios ESG, que devem falar com clareza tanto para *shareholders* e *stakeholders*.

O primeiro ponto a ser levado em conta é que tanto investidores quanto consumidores não buscam apenas informações financeiras nesses reportes. Os investidores buscam nesses relatórios informações sobre a cultura, que ele não pode obter apenas analisando as avaliações técnicas e métricas financeiras. Para eles é importante saber se a organização respeita ou apoia as questões que lhes interessam do ponto de vista ético. Saber se a empresa de quem compra produtos ou onde emprega sua força de trabalho tem uma boa reputação também é uma preocupação da população em geral. No caso desse público, as informações precisam ser comunicadas com maior transparência e numa linguagem de fácil compreensão e assimilação.

Além disso, com o avanço das regulamentações, a tendência é que esses relatórios ESG se tornem um requisito regulamentar que todas as empresas, independentemente da dimensão ou região, terão de cumprir.

Para garantir um relatório que cumpra bem esse papel, a dica é seguir padrões globais de relatórios. Eles ajudam a dar transparência a suas ações e também compreender o que pode ser melhorado na companhia a fim de atingir metas e compromissos públicos voltados ao impacto socioambiental e de governança. Os dois padrões mais usados são os seguintes:

Global Reporting Initiative (GRI) - Fundada em 1997 pela Coalition for Environmentally Responsible Economie (Ceres) e pelo Programa das Nações Unidas para o Meio Ambiente (PNUMA), essa organização internacional sem fins lucrativos introduziu os primeiros e mais amplamente adotados padrões para divulgação de sustentabilidade. Entre os requisitos das Normas GRI estão a inclusão dos *stakeholders*, o contexto da sustentabilidade, materialidade, clareza, comparabilidade e confiabilidade, entre outros. www.globalreporting.org.

Conselho Internacional de Padrões de Sustentabilidade (ISSB) - Criado para ajudar o Conselho Internacional de Padrões Contábeis (IASB) a desenvolver padrões de relatórios ESG consistentes, transparentes e comparáveis. No Brasil, as normas do ISSB são acompanhadas pelo Comitê Brasileiro de Pronunciamentos de Sustentabilidade (CBPS), www.facpcs.org.br/CBPS.

3. Como mitigar os impactos do *socialhushing* (silêncio social)?

A chave está em fomentar um ambiente que incentive a transparência e a comunicação aberta na empresa. Algumas estratégias que podem ajudar:

Cultura de comunicação aberta. Estimule uma cultura organizacional na qual o feedback é bem-vindo e os riscos podem ser discutidos sem medo de retaliação.

Treinamentos sobre gestão de riscos e ESG. Invista em formação contínua para ajudar os funcionários a identificar e comunicar problemas de forma eficaz, incentivando uma abordagem proativa.

Mecanismos anônimos de denúncia. Canais nos quais os colaboradores podem expressar sem se identificar são uma boa estratégia para que os riscos sejam relatados.

Liderança transparente. Líderes devem dar o exemplo, comunicando com transparências os desafios enfrentados e mostrando aos colaboradores que as discussões sobre riscos são essenciais na governança organizacional.

CAPÍTULO 7

Seja você também uma pessoa artesã do futuro desejável

Há um momento em toda jornada em que o horizonte não é mais uma promessa distante, mas uma realidade que começa a se desenhar com traços firmes e seguros. Nesse instante, ao olharmos para trás, reconhecemos que cada passo dado foi mais do que uma escolha individual; foi a construção de um caminho coletivo, pavimentado pelos sonhos e aspirações de muitos. Somos tecelões de um futuro que abraça a todos, sem distinções, sem barreiras. Um futuro mais inclusivo e justo socialmente, em que o compromisso com os direitos humanos e com a Agenda 2030 da ONU não são apenas metas, mas sementes plantadas no solo fértil da humanidade. Ao longo desse livro, apresentei caminhos para seguirmos nessa direção. E quero encerrar deixando o convite para que você seja também agente na construção desse futuro desejável. Que seja mais uma pessoa investida da responsabilidade com o legado que deixaremos!

E qual será esse legado? Será muito mais do que leis ou políticas transformadas em realidade. Será uma herança invisível, mas profundamente palpável, enraizada no coração de cada pessoa que vive com dignidade, cada criança que cresce em um mundo sem fome, cada indivíduo que encontra sua voz e lugar em uma sociedade que o acolhe. Se cumprirmos o que prometemos, seremos os arquitetos de uma era onde o respeito e a empatia não são meras virtudes, mas as bases sobre as quais se erguem nações.

Nos tornaremos ancestrais do futuro, como escreve Grazi Mendes[31] em sua obra. Não daqueles que são apenas lembrados em datas e homenagens, mas ancestrais vivos na história que ainda será contada. Nossa presença no agora ecoa através dos tempos, reverberando em gerações que nem sequer conheceremos, mas que herdarão as decisões e os gestos que fazemos hoje. Ser um ancestral do futuro é reconhecer que cada ato de justiça, cada olhar de solidariedade, cada ponte construída entre culturas é um legado imortal.

Na simplicidade do cotidiano, nas reuniões, nos debates acalorados, nas leis que defendemos, estamos plantando árvores sob as quais talvez nunca nos sentemos, mas cujas sombras serão o abrigo de muitos. Esse é o verdadeiro sentido de liderar: não é alcançar

---

31 MENDES, Grazi. Ancestrais do Futuro - Qual a Mudança que seu Movimento Alcança?. São Paulo: 2024. Editora Benvirá.

a glória individual, mas garantir que, no amanhã, o coletivo floresça.

Ao final de nossa jornada, talvez não haja medalhas ou aplausos. Mas haverá uma sociedade em que os direitos humanos não são negociáveis, em que a inclusão não é uma exceção, mas uma norma, e as pessoas são valorizadas por quem são, e não pelo que têm. Esse será o verdadeiro prêmio, a verdadeira conquista.

Seremos lembrados não apenas pelos títulos que ocupamos, mas pelas transformações que provocamos com o poder da nossa caneta, pelas vidas que melhoramos, pelas comunidades que ajudamos a construir. E assim, seremos para sempre ancestrais do futuro, faróis iluminando caminhos que ainda serão trilhados.

A ÉTICA DEVE ADUBAR NOSSA SEMEADURA

A responsabilidade de tomar decisões éticas que moldam o futuro desejável é uma das mais profundas e desafiadoras tarefas que um líder pode enfrentar. Cada decisão que tomamos é uma semente lançada no solo fértil do tempo. Algumas germinarão rapidamente, outras poderão levar anos, até mesmo gerações, para florescer. Mas todas, sem exceção, terão um impacto. A questão que devemos constantemente nos fazer é: qual tipo de legado estamos plantando?

Tomar decisões éticas significa escolher o caminho que não apenas beneficia o presente, mas que respeita e protege o futuro. É pensar além do agora, enxergando as consequências que nossas escolhas terão sobre as pessoas, sobre o planeta, sobre as futuras gerações. Em um mundo onde a rapidez das mudanças tecnológicas e sociais muitas vezes ofusca a reflexão cuidadosa, essa responsabilidade se torna ainda mais urgente.

Ao abraçarmos metas globais como a Agenda 2030 da ONU e os direitos humanos universais, afirmamos nosso compromisso com um futuro no qual ninguém será deixado para trás. Mas isso exige decisões que, por vezes, são difíceis e impopulares. Ética, muitas vezes, se choca com os interesses imediatos e pessoais. Contudo, é nessa tensão que encontramos a essência do verdadeiro liderar: priorizar o bem comum, mesmo quando é mais fácil sucumbir às pressões do agora.

Nosso impacto sobre o futuro não é passivo; é ativo e constante. Cada escolha que fazemos, desde o uso de recursos naturais até a maneira como lidamos com desigualdades, molda o mundo que estamos entregando às gerações futuras. Sabemos que o planeta tem limites, que as pessoas têm direitos, e que os sistemas que criamos precisam ser sustentáveis e justos. Ignorar isso seria agir com negligência, não apenas para com nossos contemporâneos, mas para com aqueles que ainda virão.

Assim, nossa responsabilidade ética vai além da nossa própria moralidade individual. Ela é um compromisso com a humanidade, com os ideais de justiça e dignidade que, ao serem respeitados, constroem um futuro que todos desejamos: um futuro de paz, igualdade e harmonia. Seremos julgados pelo legado que deixarmos, e esse julgamento não será feito por nós mesmos, mas por aqueles que herdarão nossas escolhas.

Portanto, o futuro desejável depende diretamente de nossa capacidade de tomar decisões éticas, conscientes e inclusivas no presente. Decisões que respeitem o outro, que considerem o impacto ambiental, social e econômico a longo prazo. Decisões que não se deixem influenciar por ganhos imediatos, mas que tenham como guia os valores que queremos ver florescer no amanhã.

O FUTURO É UMA CONSEQUÊNCIA INEVITÁVEL DO AGORA

Somos guardiões de um tempo que ainda não chegou. E, ao assumirmos essa responsabilidade, transformamos nossa liderança em uma força que transcende a temporalidade, impactando positivamente não apenas a nossa geração, mas todas as que virão.

O futuro é, em sua essência, uma consequência inevitável do agora. Cada ação que tomamos, cada decisão que fazemos e até mesmo as omissões que permitimos estão moldando silenciosamente o que está por vir. O tempo é um fluxo contínuo, no qual o presente se desdobra em direção ao futuro, e a grande verdade que devemos aceitar é que não há futuro sem o agora. O que plantamos hoje será o que colheremos amanhã.

Essa relação direta entre presente e futuro nos lembra de que o amanhã não é um mistério inalcançável ou algo sobre o qual não temos controle. É uma construção ativa, um reflexo das nossas escolhas cotidianas. Se almejamos um futuro mais justo, inclusivo e sustentável, precisamos construir isso com as pequenas decisões diárias: o que consumimos, como interagimos com os outros, como tratamos o meio ambiente e como lideramos nossas organizações e comunidades.

A ideia de que "o futuro está logo ali" pode ser ilusória se acreditarmos que ele se desenrolará sem nossa participação ativa. O futuro desejável não é algo que esperamos acontecer, mas algo que fazemos acontecer. Ele é, de fato, consequência das nossas escolhas éticas, sociais e políticas de agora. O futuro não se desvia de nossas intenções; ele se alinha a elas, ecoando as causas que estamos defendendo e os problemas que estamos dispostos a enfrentar.

Se, por um lado, nossas ações podem ser construtivas, guiadas pela solidariedade, sustentabilidade e justiça, por outro lado, a inércia e a negligência também moldam o futuro – e não da maneira que gostaríamos. Deixar de agir, ignorar os desafios do presente, fechar os olhos para as desigualdades ou para a destruição ambiental é abrir as portas para um futuro de crises e colapso.

Quando falamos sobre o futuro como consequência do agora, estamos nos referindo a algo ainda mais profundo: nossa capacidade de compreender que o tempo não nos espera. As mudanças climáticas, as crises sociais, os avanços tecnológicos que aceleram desigualdades – tudo isso são reflexos diretos de como estamos lidando com o presente. Somos os agentes que definem o amanhã, e, por isso, a responsabilidade que carregamos é imensa.

Assim, cabe a nós fazer do presente um terreno fértil para um futuro próspero. Cabe-nos agir, aqui e agora, com a consciência de que cada gesto, por menor que pareça, é uma pedra fundamental na construção do que virá. Quando nos comprometemos com práticas éticas e com o cuidado do outro, estamos conscientemente moldando o tipo de sociedade em que queremos viver.

O futuro é uma colheita do agora. Se queremos um amanhã em que a inclusão, o respeito e a justiça prevaleçam, precisamos semear esses valores em nosso cotidiano. Seremos lembrados não por nossas intenções, mas por nossas ações. E o futuro, ao se tornar presente, mostrará se soubemos cumprir nossa responsabilidade de criar, no agora, o legado que aspirávamos.

A BELEZA DE UM GESTO RADICALMENTE HUMANO

Há uma beleza profunda e silenciosa em dedicar-se à construção de um futuro socialmente justo, mesmo sabendo que talvez não estejamos presentes para usufruir de suas conquistas. É a beleza de compreender que a justiça não é apenas uma recompensa imediata, mas um legado que atravessa o tempo.

O ato de construir algo que transcende nossas vidas individuais, voltado para o bem coletivo, é um dos gestos mais radicalmente humanos que podemos realizar.

Quando escolhemos lutar por um futuro mais inclusivo, mais justo, fazemos isso não por vaidade ou reconhecimento pessoal, mas por reconhecimento e celebração da nossa própria humanidade. É a consciência de que nossa existência, embora finita, pode ser parte de uma continuidade maior. Somos parte de uma corrente de transformação que se estende para além do presente, que conecta o que fomos com o que seremos.

A beleza está no desapego do ego e no foco no bem comum. Ao trabalhar por um amanhã melhor, sabendo que talvez nossos olhos jamais o contemplem, estamos imitando o ciclo da natureza: como árvores que dão frutos para gerações futuras, como rios que correm para terras distantes que nunca conhecerão. Essa forma de altruísmo é um dos maiores presentes que podemos deixar para o mundo, e a beleza reside exatamente nesse ato de doação sem retorno. Fazemos eco!

Ser parte de algo maior, algo duradouro, é perceber que a nossa individualidade se dissolve em algo muito mais amplo – em uma teia de relações humanas que transcende o tempo. As conquistas sociais, os direitos assegurados, as pontes construídas entre diferenças não são para nós; são para os que virão depois. Talvez nunca vejamos o impacto total de nossas ações, mas há uma paz e uma alegria em saber que fizemos nossa parte, que fomos um elo vital na corrente de justiça e igualdade.

E essa é uma beleza silenciosa, quase invisível, mas profundamente poderosa. Ela nos lembra que o verdadeiro sentido da vida não está em colher os frutos do nosso trabalho, mas em plantar as sementes de um futuro que outros colherão. Estamos aqui para servir como ancestrais do amanhã, para garantir que as gerações futuras vivam em um mundo mais justo do que aquele que encontramos.

Assim, construir um futuro socialmente justo, ainda que não o vejamos, é uma forma de imortalidade. É deixar uma marca no mundo que perdura, que vive através da existência de muitos e nas vidas daqueles que ainda nem nasceram. É fazer parte de uma história maior do que a nossa, uma história de dignidade e justiça que continuará a ser contada muito depois que partirmos.

Essa é a beleza de trabalhar por um futuro que não veremos: saber que, mesmo ausentes, estaremos presentes em cada ato de justiça que florescer, em cada vida transformada.

Vamos nessa?

Foto: Rogério Vieira

Conheça a autora

Ana Bavon é advogada e fundadora da B4People, consultoria de inteligência em direitos humanos que, desde 2018, assessora empresas e lideranças na construção de estratégias sustentáveis, éticas e estruturantes. Reconhecida por sua abordagem inovadora, orienta organizações na integração de direitos humanos às decisões corporativas, com foco em impacto social, governança e transformação estrutural.

Ao longo de sua trajetória, trabalhou diretamente com presidentes e vice-presidentes de empresas como Gol Smiles, Visa, MESA Company, BASF, Bayer e Alpargatas, desenvolvendo metodologias para alinhar ESG, diversidade e compliance a modelos de negócios mais justos e resilientes. Sua atuação estratégica fortalece a interseção entre marcos regulatórios e justiça econômica, preparando organizações para os desafios contemporâneos da economia global.

Professora titular do MBA em ESG da Faculdade Exame e professora convidada em instituições como FGV e FIA USP, dedica-se à formação de executivos e conselheiros na incorporação dos direitos humanos às estratégias empresariais. Também atua como Conselheira Independente e Conselheira Consultiva do

Movimento Elas Lideram do Pacto Global da ONU, além de integrar o Comitê de Auditoria da iniciativa no Brasil, reforçando sua expertise em governança e gestão de riscos.

Na esfera pública e acadêmica, sua influência se estende à mídia e ao pensamento crítico sobre responsabilidade corporativa. Assina uma coluna mensal na Fast Company Brasil e já escreveu para a Forbes e O Estado de S. Paulo, trazendo reflexões estratégicas sobre o papel das empresas na construção de sociedades mais equitativas. Como TEDx Speaker em quatro ocasiões, incluindo o TEDxSão Paulo - o maior da América Latina -, compartilha insights sobre inovação, liderança inclusiva e mudanças estruturais no mercado.

Em 2023, foi palestrante e integrou a delegação brasileira no 12º Fórum Mundial de Empresas e Direitos Humanos da ONU, no Palácio das Nações, em Genebra, onde discutiu o papel das corporações na garantia de direitos fundamentais.

Formada em Direito pela Universidade Metropolitana de Santos, cursou pós-graduação lato sensu em Direito Civil pela Escola Paulista de Direito e especialização em Filosofia da Existência e Autoconhecimento pela PUC-RS. Possui certificações internacionais em Gender-Based Analysis+ pelo Governo do Canadá, Women's Leadership and Decision-Making pela ONU Mulheres e International Frameworks for

Gender Equality pela mesma instituição. Atualmente, está em formação como psicanalista pela ABRAFP e como Board Director no Advanced Boardroom Program for Women da Saint Paul Escola de Negócios.

Com uma visão estratégica e crítica sobre direitos humanos e empresas, Ana Bavon é referência na construção de modelos de governança e negócios alinhados à justiça social e ao desenvolvimento sustentável.

Impresso no outono de 2025
pela gráfica Piffer Print
em papel Pólen Bold 70g
e composto com as fontes
Montserrat e Supria Sans